Damir Galaz-Mandakovic Fernández

Tocopilla Migracional

Damir Galaz-Mandakovic Fernández

Tocopilla Migracional

Dictus Publishing

Imprint

Cover image: www.ingimage.com

Publisher:
Dictus Publishing
is a trademark of
Dodo Books Indian Ocean Ltd., member of the OmniScriptum S.R.L Publishing group
str. A.Russo 15, of. 61, Chisinau-2068, Republic of Moldova Europe
Printed at: see last page
ISBN: 978-3-8473-8742-8

Damir Galaz-Mandakovic Fernández

Tocopilla
MIGRACIONAL

2013

DAMIR GALAZ-MANDAKOVIC FERNÁNDEZ

Nacido en Tocopilla (Chile) en 1983. Es Profesor de Historia y Geografía (Universidad de Tarapacá) Licenciado en Educación (Universidad de Tarapacá) y Magíster en Ciencias Sociales (Universidad de Antofagasta). Prepara la lectura de su tesis para optar al grado de Magíster en Antropología Social, conducente al doctorado en la misma ciencia en el programa impartido por la Universidad Católica del Norte y Universidad de Tarapacá. Ha desarrollado sus investigaciones en el ámbito de la historia local y regional.

Ha publicado los siguientes libros:

TOCOPILLA: ENTRE LA MISERIA Y EL APOGEO, 1930-32 *El impacto local de la Gran Depresión de EE.UU.* (2008) Ediciones Retruécanos, Tocopilla. 245 Págs.
TOCOPILLANOS DEL AYER *Reconocimientos, una persecución y un olvido.* (2009) Ediciones Retruécanos, Tocopilla. 130 Págs.
TOCOPILLANOS DEL AYER II *Personalidades y sucesos locales.* (2009)Ediciones Retruécanos, Tocopilla. 198 Págs.
UNA ESCUELA CENTENARIA EN TOCOPILLA Ex Escuela Superior de Niñas N°2, Ex Escuela E N°3, Escuela Pablo Neruda de Tocopilla. (2010)Ediciones Retruécanos, Tocopilla. 250 Págs.
REIVINDICACIÓN DEL PATRIMONIO TANGIBLE DE TOCOPILLA (2011)Ediciones Retruécanos, Tocopilla. 400 Págs.
EDIFICIOS COLECTIVOS DE C.S.O.O. DE TOCOPILLA, 1939-41 *Movimiento Moderno, solución social.* (2012) Ediciones Retruécanos, Tocopilla. 130. Págs.
MIGRACIÓN & BIOPOLÍTICA *Dos escenas del siglo XX tocopillano* (2013) Ediciones Retruécanos, Tocopilla. 197 págs.

Ha participado en otros libros colectivos

TOCOCUENTOS VI (2008) varios autores. Cap. "Cristo de Elqui en Tocopilla".
CIUDAD Y PATRIMONIO MODERNO (DOCOMOMO, 2009) Cap. "Crecimiento en una crisis y destrucción postsísmica del Patrimonio local".
LA REACCIÓN DEL ESTADO FRENTE A LA CRISIS ECONÓMICA DE ARICA (2007, coautoría con Héctor Cavallero M.)
TOCOCUENTOS VII (2010) Varios autores. Cap. "Entre dos guerras, una mundial y una local".
¿QUÉ BICENTENARIO? (2010) Cap. *Bicentenario en el Norte, la expresión del histórico centralismo chileno* editado por Le Monde Diplomatique, junto a Sergio Grez, Jaime Massardo, Tito Tricot, Margarita Iglesias y Miguel Rojas Mix.

TOCOCUENTOS VIII (2011) varios autores. Cap. *Despecho Homicida, microhistoria del hampa.*
HERMANOS EN EL ORIGEN (2012) de Luis Piñones, Cap. *Tocopilla, 1988-2005.*
TOCOCUENTOS IX (2012, en prensa) varios autores. Cap. *Chinos: la fuerza del trabajo* y Cap. *Del Adriático al Pacífico.*

Ha sido columnista en el diario La Prensa de Tocopilla y ha publicado en diarios de circulación nacional, en periódicos alternativos, revistas locales, regionales y en otras de carácter académico. Participante de distintos simposios y congresos sobre Antropología, Historia, Educación y Arquitectura.

Contacto: damirgalaz@gmail.com
Blog: http://www.tocopillaysuhistoria.tk
https://www.facebook.com/tocopillaysuhistoria.tk

ÍNDICE

PRÓLOGO

Nos enmarcamos dentro en un nuevo proyecto investigativo que busca comprender los sentidos de algunos procesos vividos en el escenario tocopillano desde una antropología histórica. Hemos incorporado nuevos enfoques conceptuales y modelos teóricos de interpretación que ayudan a acercarnos de un modo distinto, para comprender de mejor manera lo que han sido las particularidades del devenir de acontecimientos y procesos en el contexto local. Evidenciamos en el siglo XX una serie de sentidos conectados en procesos que reclaman su relato.

Abarcamos las migraciones internacionales, una escena que nos remiten a una particular relación social.

Se acomete una descripción inductiva y sintética de un escenario de apogeo económico –ocurrido en la primera mitad del siglo XX– debido a la explotación de cobre y salitre que motivó la llegada de colectivos migrantes internacionales que dejaron su impronta en determinadas labores del comercio e industria local, tal como es el caso de los inmigrantes chinos, yugoslavos, ingleses, españoles, griegos, estadounidenses e italianos. Se describen algunos estudios de casos demostrativos, que por razones de espacio no nos permiten incorporar a otra gran cantidad de personajes y familias.

El artículo en su fase final, instala, de modo exploratorio, el caso de la emigración en Tocopilla en una peculiar y masiva articulación con la ciudad de Norrköping, en Suecia. Proceso resultado de la atmósfera política y económica modificada en el transcurso de la segunda mitad del siglo XX, en especial en el periodo de la dictadura militar chilena (1973-1990) tanto a nivel macro como micro, subyaciendo a ello la transformación de Tocopilla en un polo de desintegración social, expresado en la emigración.

Destacamos de este libro la nueva mirada que acomete frente a la historia tocopillana, una mirada plural y procesual, no se pretende dar cuenta de *una* historia. Tocopilla, en este caso, se explica y la trabajamos mayoritariamente desde la subalternidad y la relectura de lo sabido, dejando de lado esas miradas monocausales de los procesos sociales. A saber que comprendemos la historia como una trama de acontecimientos multiasociados y heteróclitos, muchas veces difusos. En ese sentido, en este libro queremos comprender el cómo ésta pequeña localidad portuaria se inscribe en los conciertos regionales y mundiales. Y de cómo lo global se inscribe también en lo local. Dos artículos que se registran y archivan en un mismo escenario temporal y territorial.

Estimulamos a dar una mirada a ciertos sucesos y episodios significativos que forman parte de dicho transcurrir desde una antropología histórica. Entendiendo que cada proceso y episodio aporta sus propios colores, su estilo, sus resistencias, sus cambios y continuidades, sus formas, fuerzas y sus propias texturas en ese cuadro en donde se bosqueja y se ensaya la vida local.

Damir Galaz-Mandakovic Fernández

"ha sido un largo viaje, se nos cerraban los ojos, pero el sueño no nos venció y no cerramos los ojos. Llegamos, y vistos nuestros bolsillos que sólo estaban llenos de sueños, tuvimos que abrir bien los ojos para seguir viviendo…" (Anónimo)

1.1. INTRODUCCIÓN

La migración como fenómeno histórico y antropológico ha sido exiguamente estudiado en la zona minera costera nortina de Chile, en especial en Tocopilla, requiriendo de una mirada analítica que contextualice los diversos flujos de un puerto que de ser centrípeto, se ha transformado en centrifugo. Ambos procesos expresados, respectivamente, en la primera y la segunda mitad que dividen al siglo XX. Esto último atribuido al resultado de una economía de mercado que ha acrecentado el subdesarrollo de la localidad de Tocopilla, en consonancia con la llamada *Concentración Territorial*[1] que a la postre ha configurado un desequilibrio regional económico.

En ese escenario, nos remitiremos a un análisis y caracterización de la inmigración china, italiana, yugoslava, inglesa, griega, española y estadounidense en Tocopilla, en el contexto de la consolidación como puerto salitrero en el proceso que prosigue a la Guerra del Pacifico. Apuntamos a la comprensión del fenómeno migratorio desde la historia local, con determinados estudios de casos, de modo que, desde un enfoque inductivo, podamos adentrarnos en la visión de los procesos de integración y aportes de estos grupos migrantes en el desarrollo de la historia de Tocopilla.

---

1 *Concentración Territorial* es la tendencia, persistente y generalizada, de la aglomeración de actividades productivas y de la población ligada a ella en un número muy reducido de localidades de cada sistema regional, *"lo cual ha dado origen a la conformación de estructuras desequilibradas en lo que respecta a la distribución espacial de las fuerzas productivas y al desarrollo diferenciado en distintas partes del espacio nacional"* (De Mattos, 1984:63).

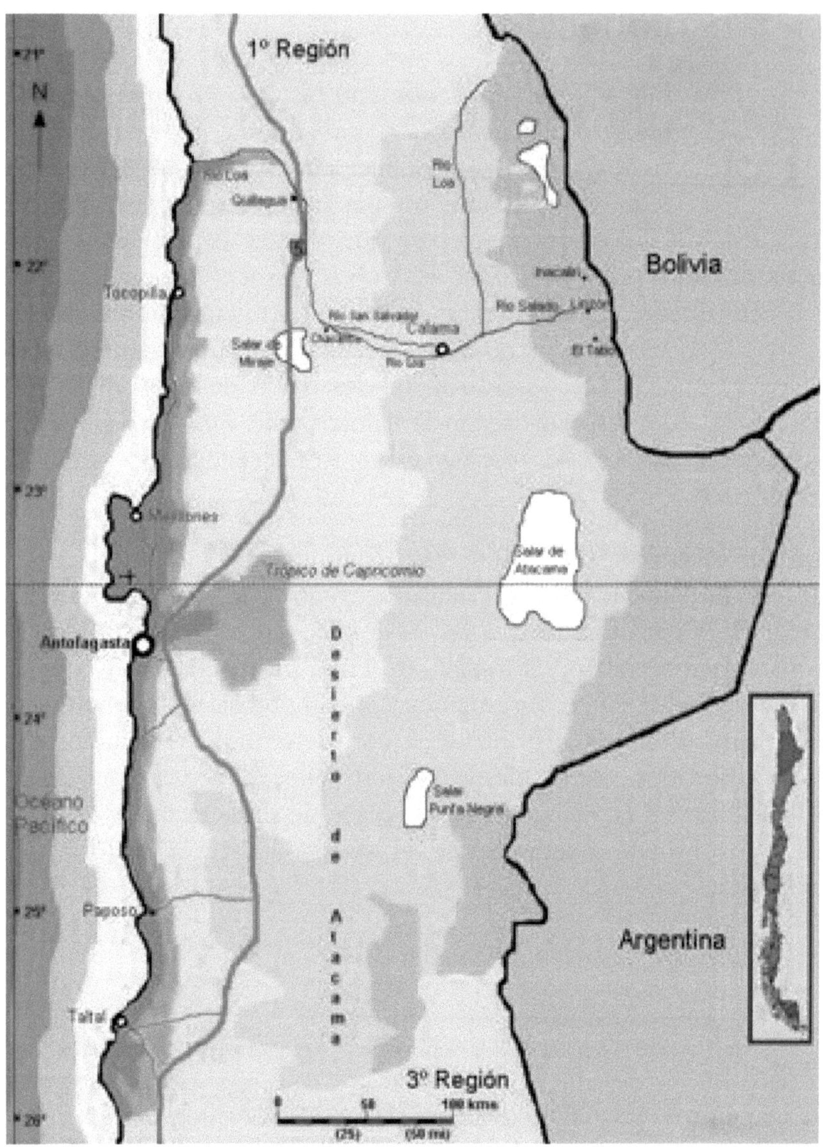

La ciudad de Tocopilla en el concierto regional y chileno.

1.2. TOCOPILLA CENTRÍPETA

El puerto tocopillano, en la apertura del siglo XX, obtenía su apogeo gracias a los flujos económicos generados por la explotación de cobre y salitre y el porteo realizado en Tocopilla. De ahí que en Tocopilla se establecieran las grandes compañías ligadas a la explotación y exportación del nitrato, entre ellas Folsch y Martin, Anglo Chilean y Nitrate Agencies, The Chile Exploration Company, todos ellos capitales de origen inglés y norteamericano. Ésta era una ciudad de un viviente impulso económico, en la conexión consolidada con el capitalismo mundial a través de la mercantilización de las riquezas naturales. Se avizoraba, en gran sentido, un rasgo cosmopolita, tanto por la diversidad de sus habitantes y el múltiple arribo de decenas de veleros ansiosos por el salitre, a su vez de los vapores navieros con pasajeros también ansiosos por trabajo.

Las grandes colonias residentes que existían en Tocopilla no sólo dominaban las actividades mercantiles, sino que también dominaban los aspectos de la mentada *vida social*. Ellos crearon múltiples sociedades de Socorros Mutuos, *entidades benéficas*, Compañías de Bomberos y el connotado Club de la Unión. Traían consigo grandes tiendas importadoras de productos lujosos que proporcionaban a la comunidad finas lozas, perfumes, porcelanas, cristalerías, sedas, géneros y suntuosos pañuelos, sombreros y también cigarros, del mismo modo existía el contrabando de una diversidad de alcoholes considerados como exóticos.

La vida nocturna era cada vez más agitada y bullida; se escuchaban múltiples idiomas, las costumbres se tornaron heterogéneas, diversificaron los usos del espacio público, las vestimentas, las costumbres, las comidas, las fiestas y el deporte. Los marinos mercantes eran chinos, afroamericanos, hindúes, ingleses, suecos, noruegos, griegos, filipinos, entre otros tantos. Algunos se quedaron a residir, de manera que esos grupos dejaron de ser flotantes y se convirtieron en tocopillanos por adopción. Así como también llegaban marinos de distintos países, que no pocas veces traían problemas para el orden público, por las continuas peleas y disturbios generados por los excesos con el alcohol de estos marinos mercantes.

La población crecía de a poco y la ciudad también se expandía hacia los sectores norte y noreste. Surgían poblaciones, restaurantes, múltiples hoteles, pensiones y *casas de remolienda.* En ese escenario, se instalaba en el sector Algodonales una gran compañía a cargo de proporcionar energía eléctrica a la mina de Chuquicamata[2], la firma estadounidense The Chile Exploration Company (1914-15) perteneciente a Guggenheim Bros.

Además de productos estimulantes del contrabando, también llegaba una peste aciaga: la *Fiebre Amarilla*, que mermó considerablemente a la población a través de la muerte y del alto número de desplazados y emigrantes en el año 1912.

En aquel entonces, en principios de siglo, existían alrededor de 5.000 [3] habitantes [4] , pero se presentaban dos segmentos

---

2 Chuquicamata es la denominación de una mina de cobre a cielo abierto y de un antiguo campamento minero, situado a 15 km al norte de la ciudad de Calama, y a 245 km. de Antofagasta en la Región de Antofagasta. Considerada la mina cuprífera más grande del mundo en su tipo y es una de las mayores en producción de cobre de Chile. Inició la producción de cobre en 1915 y hasta el año 2007 poseyó un campamento o poblado minero. En la actualidad pertenece al Estado chileno y es administrada por CODELCO.

3 Cifra hallada en los Arch. Gobernación de Tocopilla, expresada en múltiples apreciaciones del Gobernador Víctor Gutiérrez, quien ejerció el cargo desde 1901 hasta 1917. A modo de ejemplo en un oficio, N° 23 de marzo de 1908, dirigido al Intendente de Antofagasta, menciona en

fuertemente distanciados en la población; uno marcado por la elite, constituida inicialmente por ingleses vinculados a las actividades salitreras, o bien comerciantes; y otro grupo al opuesto, el sector obrero, tales como pirquineros, lancheros, estibadores, cargadores y empleados particulares.

Ambos grupos, en una dicotomía de clases, estaban separados por un gran abismo social y cultural. La elite de Tocopilla, mayoritariamente inglesa, además de pequeños mercaderes de minas, admiraba "lo europeo". Usualmente, gesticulaban, vestían y hablaban a la usanza inglesa. Ellos configurarían encapsulados grupos de tertulias y juntas sociales, en donde la prosapia y alcurnia del origen determinaba todo en conjunto con la riqueza y posesiones mineras acuñadas en el transcurso de los años. Sin embargo, en el otro sector, el obrero se embadurnaba con el analfabetismo y el alcoholismo. Muchos de estos llegaban desde el sur "enganchados" para trabajar en las minas de cobre u oficinas salitreras, sus viviendas al pie de los cerros tocopillanos[5] eran verdaderas pocilgas y cuchitriles insalubres, sin agua potable y con pozos negros sin cegar. Lugares con altas tasas de infección y de alta muerte infantil. No olvidemos que, en este periodo Chile presenta la tasa de mortalidad infantil más alta en el mundo.[6]

---

reiteradas ocasiones la cifra aproximada de 5.000 personas. Cuestionaba los censos debido que *"no median la vasta población flotante."* Y no consideraba a los ilegales o "*no registrados*".

4 El primer censo realizado en Tocopilla fue en el año 1885, aquél contabilizó 1.816 habitantes. Una cifra que era doblada por la suma de las poblaciones de Cobija, Gatico y "*algunas minas*", llegando al guarismo de 2.382 personas.

5 Entre estos sectores podemos citar *Pampa Este, Ciudad Perdida, El Salto, Huellas Tres Puntas, Villa Esmeralda*, los llamados *barrios obreros*, caracterizados por la insalubridad y pestilencia.

6 Illanes, 2007: pág. 15.

En este escenario, el país se aprontaba a celebrar su primer centenario y para ello se organizaron diversas actividades deportivas, sociales y culturales, de las cuales la ciudad de Tocopilla también participó a modo de consolidar el proceso de *chilenización*[7] en los llamados *nuevos territorios*. Entonces, este pequeño puerto otrora boliviano, se transformaba en un polo bullente, con una fuerza de atracción para diversos grupos humanos interesados en prosperar monetariamente, como así también en grupos interesados en huir de sus hostiles contextos de origen marcados por la guerra.

---

[7] Campaña de fomento de una identidad nacional impulsada por el Estado chileno tras la Guerra del Pacífico que a la postre significó un proceso de transculturación de las zonas ocupadas. El foco estuvo centrado en Arica, Iquique, Tocopilla, Antofagasta, Mejillones, Calama y todos los poblados precordilleranos. Los ejes con los cuales el Estado chileno buscaba consolidar una identidad nacional homogeneizadora y así inculcar el sentimiento nacional y borrar deliberadamente todo rasgo cultural peruano y boliviano, fue la educación pública, el servicio militar obligatorio y el cambio de nombre de las calles. A lo anterior debemos adicionar el establecimiento de puestos fronterizos para controlar el tráfico y comercio hacia Bolivia y Perú, promoviendo a su vez la llegada de misioneros que "civilizaran" a la población aimara. Las políticas de chilenización en la población se conservaron durante gran parte del siglo XX y se enfatizaron durante la dictadura de Augusto Pinochet (1973-1990).

1.3. CHINOS

En la costa correspondiente al actual norte de Chile, la inmigración inicial de chinos está promovida por los *Coolies*[8], quienes llegaron como esclavos en grandes oleadas a través de barcos mercaderes, en el tránsito de la segunda mitad del siglo XIX. La extracción del guano los conglomeraría en las costas del sur peruano. En el sector de Tocopilla, especialmente en la caleta Paquica[9], ha sido posible encontrar verdaderos cementerios de chinos, cerros con ataúdes misérrimos y roñosos que reflejan sus vidas y sus muertes.[10]

El gobierno peruano en 1849 autorizó la inmigración de chinos *Coolies* embarcados en Cantón y también en Macao, a través de la llamada *"política de consignaciones"*, muchos de ellos muriendo en altamar por las insalubres condiciones de su viaje.[11] Una vez llegados a Perú, este horrendo tráfico humano terminaba su viaje en las guaneras más frondosas, tales como Paquica, Patillos, Guanillos del Norte, Pabellón de Pica y Caleta Lobos, todas ubicadas en el camino costeño que une Iquique con Tocopilla. Lo que era un buen negocio para algunos, para miles de chinos las guaneras fueron su devastación; allí, colgados con cables y cordeles sobre andamios desmejorados, puentes colgantes, trabajaban todo

---

8 Coolies es una denominación peyorativa del inmigrante chino en el siglo XIX, considerados obreros de clase baja. Es también un término expansivo de asiático o "mano de obra". En la esfera pública, el coolie era de hecho presentado como un estereotipo sensacionalista de la mano de obra asiática. Las campañas moralistas y *anticoolies*, junto con los escritos abolicionistas en contra de la mano de obra coolie, contribuían a las connotaciones negativas asociadas con el término (Yung, 2008: pág. 2). Otra versión indica que es una palabra que proviene del chino, *zuo kuli*, que significaría "el que trabaja duro". *Kuli* sería amargo, duro, y *Li*, sería fuerza, trabajo. Son los ingleses quienes expanden el vocablo *coolie*, del cual deriva su castellanización *culí*.

9 Situada a 25 kilómetros al norte de Tocopilla.

10 Collao, 2001: pág. 292.

11 Águila, 2001: pág. 135.

el día, de sol a sol. Cada chino cargaba un capacho en su espalda. Luego, los cerros con sus cuevas e improvisadas pocilgas, los esperaban como dormitorios, sufriendo el hambre, el frío y el cansancio por el exceso de trabajo. Posteriormente, los chinos fueron utilizados como avanzadas del ejército chileno en la Guerra del Pacifico[12] y en Tocopilla muchos fueron utilizados en la construcción del ferrocarril salitrero, inaugurado en 1890, obra titánica en donde los chinos realizaron los trabajos más riesgosos y pesados; colocación de dinamitas, cargas, elaboración de zanjas, entre otras labores que resultaron mortales.

En el pleno siglo XX, sobre todo en la década del treinta, la presencia china en las localidades del norte era significativa, lo que se hacía notar especialmente en Iquique. Esta migración fue más expresiva a partir de 1931, lo que podría haberse motivado por la invasión de Japón a China, a partir de la cual se configuró un gran éxodo. La presencia china se acompañó del surgimiento de una mirada autóctona de desprecio y rechazo, debido a que para algunos tocopillanos estos inmigrantes podían, potencialmente, "degenerar" la llamada *"raza chilena"*[13]. Los que realmente riñeron

---

12 Culminada la conquista de Tarapacá, la guerra se trasladó hacia el interior de Perú. En ese contexto Patricio Lynch "conquistó" a los chinos y los hizo participar en las batallas. Cuando los coolies fueron liberados de la tuición de sus amos, los hacendados peruanos, se produjo su adhesión a la causa chilena, a través del batallón de chinos *Vulcano.* Ver a Diego Lin Chou, (2004) en *"Chile y China, inmigración y relaciones bilaterales 1845-1970".* 1° Edic. Centro de investigación Diego Barros Arana. Santiago de Chile.

13 *Raza Chilena* es un concepto nacionalista que tuvo su apogeo en la segunda década del siglo XX, sus ideas centrales estaban basadas en los escritos de Nicolás Palacios, quien en 1904 publicó el libro "*Raza chilena*", que en la práctica era una apología del pueblo chileno y desaprobaba la adopción de modelos culturales foráneos. Es una obra basada en el evolucionismo de Darwin y Spencer, sosteniendo que el pueblo chileno pertenecía a una raza superior,

con estos inmigrantes fueron los tocopillanos pertenecientes al comercio establecido, ya que los orientales comenzaron a instalar negocios ligados con la venta de carne o con la venta de comida, amenazando, a través de la competencia, las ventas del comercio local.

Cabe decir que los chinos, alrededor de la misma década merodeaban el sector del Matadero Municipal recogiendo las *sobras* del faenamiento de los animales para la obtención de la carne, es decir, las *guatas,* las *chunchules,* las *cabezas,* las *lenguas,* las *patas,* los *corazones* o los *hígados*, y una serie de los llamados mondongos Todo lo que sobraba o bien, lo que no era "digno" de comer en la época. Esas "sobras" o excedentes una vez recogidos, eran ofrecidos en pobres carretones por el sector mísero e infausto llamado Manchuria.[14]

Tales impulsos en la inmigración, hicieron que el Alcalde de Tocopilla, Sr. Luis Cárcamo, en junio de 1931, exigiera a la Intendencia de Antofagasta el establecimiento de un severo control sobre los asiáticos, como así también tratar de evitar

---

formada por la mezcla de conquistadores de raza goda y araucanos "recios" y valientes. Esta ideología calzó con el proceso de "chilenización" aplicado en el norte del país, por ello fue un concepto recurrentemente citado por autoridades y periódicos. Ver Nicolás Palacios (1918) en "Raza Chilena". 2° edición, Editorial Santiago Vol. 1 y 2.

14 La Manchuria era un gueto con chabolas de calaminas oxidadas, trozos de cartón, sacos de papas, y viviendas deprimentes. Un panorama habitacional absolutamente pobre que se configuró cómo el sector más afectado por el gran aluvión de 1940. Una versión sobre el origen del nombre se debe a que los primeros ocupantes de estos dispares terrenos fueron ciudadanos chinos, quienes reprodujeron la pobreza vivida en sus tierras natales. Manchuria constituye una región ubicada al noreste de China.

derechamente la afluencia de los cantoneses que, según Cárcamo, a diario llegaban masivamente a la ciudad:

> *"Estos ciudadanos chinos son un peligro ante la raza, pueden degenerarla a través de la insalubridad en la venta de carne, además de su afición por el juego. (…) Es de esperar medidas correctivas antes estos foráneos que perjudican a nuestra población".*[15]

Esta mentalidad, hija de su período, no se alejaba mucho a lo que el Estado pregonaba en cuanto al concepto de migración, el menos así lo explicitaba en el Diario Oficial del 24 de noviembre de 1880, en el que *"se considera inmigrante libre (…) a los estranjeros de orijen europeo o de los Estados Unidos (…) que siendo menos de cincuenta años i acreditando su moralidad i aptitudes…".*[16]

A este grupo migratorio los requerimientos eran mayores al momento de ingresar al país (como, por ejemplo, el poseer cierta cantidad de dinero). Además, en el comienzo del siglo XX, se les exigía un examen médico, el cual daba píe a un "pasaporte sanitario", prontamente, alrededor de los años veinte, se les solicitaba un documento a cargo de autoridades chinas quienes debían certificar conducta, examen médico y vacunación. Esto se debía a que aparentemente los chinos eran considerados como potenciales portadores de plagas y enfermedades. En 1930 a todos los chinos, para que lograsen ingresar al país, se les requería la suma de 300 dólares como garantía. Esta suma debía ir a nombre de la delegación china en Santiago, pudiendo el migrante retirar

---

15 Archivo de la Gobernación de Tocopilla. Oficio N°23 dirigido al Intendente de Antofagasta. 19 de marzo de 1931.

16 Campos y Elías, 2006: pág. 95.

este dinero una vez instalado en el país siempre y cuando pudieran probar que poseían trabajo. Una vez retirado el dinero era utilizado, generalmente, como un capital inicial de los negocios regentados por la colonia China. Esta última práctica enfadaba no sólo a los comerciantes tocopillanos, sino que también a los de Iquique y Arica.

Pese a las hostilidades, la gran comunidad china residente en Tocopilla se fue organizando y en 1928 funda el gran Centro Chung Hwa, cuyo primer presidente fue el señor Juan Chang. Prontamente, en el año 1933, construirían una gran casona, ubicada en la calle 21 de Mayo. El ejemplo de emprendimiento demostrado por los chinos es sorprendente, quizás aplicando una lógica confucionista en cuanto a generar ahorros y a la vez en la búsqueda de generar reconocimiento y legitimidad social. Su acumulación financiera, en base a la fuerza de su trabajo, dio pie a la filantropía manifestada ya en la década de 1940. Así lo dejó en constancia el Gobernador Pedro Muñoz Rojas en diciembre de 1943, cuando agradecía el cheque entregado para el Comité Pro Pascua de los Niños Pobres. Entre otras palabras afirmaba que:

> *"Permítame señor Presidente del Centro Chung Hwa, testimoniarles una vez más el reconocimiento de gratitud hacia su institución, ya que siempre ha estado atento a las peticiones de esta Gobernación, contribuyendo gustoso y ampliamente a cuánta obra de bien se ha iniciado en la ciudad, siendo un ejemplo para las demás instituciones ...".* [17]

En este sentido, de simples distribuidores de carne, muchos orientales se transformaron en personajes pudientes en el contexto local. Un caso de acumulación lo representó el inmigrante chino

---

[17] Arch. Gob. Tocopilla Oficio N°741, dirigido a Roberto Ly Cere, Presidente del Centro Chung Hwa. 1 de diciembre de 1943.

Santiago Chiong, quien construyó en 1932 un gran local para instalar su almacén especializado en la venta de carnes configurándose como uno de los principales proveedores de la pampa salitrera en la década del treinta. Desde aquellas fechas, el local adquirió la preferencia de los tocopillanos.[18] Otro caso lo representó el Sr. Chau quien levantó un edificio e instaló un restaurant, un prostíbulo, dos peluquerías y cabaret con una gran pista de baile denominada "El Asia", lugar icono de la bohemia nocturna en la década del cuarenta.[19]

La colonia china, podemos afirmar, fue la que sufrió las mayores restricciones en el proceso de inmigración, fruto del prejuicio y la hostilidad expresada desde los vecinos hasta los políticos, existiendo proyectos de ley que directamente atacaban y buscaban cerrarles las puertas. Uno de los más recordados es el proyecto del diputado Malaquías Concha en 1906, que en su articulo N°1 expresaba abiertamente que, "*queda prohibida la inmigración en el país de individuos de raza amarilla o mongólica o etiópica*".[20]

Aún en estos pesares, el impulso de la inmigración china logró consolidarse en el devenir de la historia local. Pero no sólo contra los comerciantes tenían que lidiar los chinos, sino también con los grupos de teatro, quienes los trataban despectivamente y se burlaban a destajo de los orientales, ya sea por rasgos faciales, por asuntos del habla y sobre el supuesto problema higiénico de sus

---

18 En décadas posteriores, especialmente en la del 70, este negocio tendría una gran notoriedad ya que, desde este local surgían grandes filas para abastecerse de productos de primera necesidad. Eran los tiempos de la Unidad Popular (UP) caracterizada por el desabastecimiento y el mercado negro.

19 Su publicidad aparecida durante enero de 1941 en el Diario La Prensa de Tocopilla, consignaba lo siguiente "*all days dancing room, excellent orchestra, day and night restaurant, beer, wines and liquors, beautiful all girl for dancing*". Este local se incendió en agosto de 1949.

20 Cámara de Diputados, Ord. Sesión N° 47, 10 de agosto de 1906.

negocios y viviendas. En junio de 1932 el Presidente del Centro Chung Hwa, Juan Chang se quejaba ante el Gobernador y por el diario La Prensa de Tocopilla en contra del grupo de teatro "Los Criollos", conjunto formado por *empleados y obreros cesantes*, ante lo cual exponía en una carta:

> *"El grupo los criollos (...) llevó a escena un monólogo recitado por el señor Macaya, y que se titulaba Chung Hwa i aparte de este, repitió varios otros por el estilo, totalmente fuera de programa, imitando en forma maliciosa nuestro idioma (...) siempre se ha desempeñado igual acto en el teatro, no siendo la primera vez, i se ofenda así paisanos chinos i junto con ello a la colonia que presido. Este denuncia busca detener lo que ridiculiza ofende y menoscaba nuestra dignidad de ciudadanos chinos respetuosos de este país…".* [21]

De este modo, el pasar de los chinos seguía siendo hostil, pero esto no era exactamente lo determinante a la hora de conglomerarse y recíprocamente auxiliarse, ya que para muchos de los tocopillanos, pese a las circunstancias, los chinos *"fueron caracterizados por ser personas unidas y solidarias".* [22]

Ejemplos de chinos emprendedores y comerciantes son Guillermo Chang, quien instaló el almacén "San Pedro" en calle Bolivar. Arturo Tang nació en Cantón llegando a los 17 años a Iquique trasladándose al poco tiempo a Tocopilla. Tuvo una carnicería, administró "El Asia", y tuvo la tienda "Victoria" en calle 21 de Mayo casi esquina Bolívar. Alfredo Cam llegó al Perú en donde se

---

21 Archivo de la Gob. de Tocopilla, Cartas recibidas, N° 93, junio 1932.

22 Entrevista a Amelia Barrera. Ovallina, nacida en 1911, fallecida en 2010. Dueña de casa y residente en Tocopilla desde 1929 hasta 2010. Entrevista realizada en Tocopilla en febrero 2007.

transforma en comerciante pero en Tocopilla vivía una hermana quien lo manda a llamar. Una vez en el puerto, instala una verdulería, y diversifica su negocio hacia los alcoholes y carnicería mayorista con clientela en la pampa. Una vez consolidado en el comercio, abre la tienda "La Perla". Kai Lau Chau instala un almacén con ventas de abarrotes y diversidad de víveres. Aquellos fueron sus primeros pasos para instalar una carnicería en la avenida Diagonal. Felipe Jaug instaló un almacén en Sucre esquina Freire llamado "Don Felipe", también sería una botillería.

Los descendientes de la primera generación de chinos netos, crearon el Centro de Hijos de Chinos, llamado Cheng Ning Hui. En la caracterización de sus labores, como hemos evidenciado, predominaron la venta de carnes y los restaurantes. Las familias que marcaron presencia fueron los Lay, Tang, Loo, Cam, Max, Chong, Chang, Chia, Chiang, Kong, Kam, Lau, Anch, Hafon, Ypung, Yap, Chong ku, Gam, Han-Shing, Kam.

La figura de la donación fue otra forma de obtener legitimidad y reconocimiento social. Un hecho recordado fue la donación de un parque de juegos infantiles por parte de Arturo Chau Ly. *"Ante numeroso público y con la asistencia de las autoridades fue inaugurado ayer el parque de juegos infantiles Arturo Chau Ly".* Titulaba La Prensa de Tocopilla, en el corte de cintas en las afueras del Estadio Municipal. En aquel acto, las palabras del ciudadano chino fueron las siguientes: *"Vinculado a este pueblo por muchos años de permanencia en él, vinculado a una familia chilena por lazos de sangre, ya que mi mujer y mis hijos son chilenos he querido obsequiar estos juegos a los hijos del pueblo de Tocopilla. Quiero en esta forma agradecer en parte el afecto y la hospitalidad que debo al pueblo de Chile"* Arturo Chau Ly. [23]

---

[23] Citado por La Prensa de Tocopilla, 25 de diciembre de 1944.

Gregorio Yap, Ramón Young, Arturo Chau Ly e Hilario Chau Lin.

Familia Yap.

Residentes de la colona china en Tocopilla. (1960, circa).

Restaurant Kontong y los integrantes del Centro Chino Chung Hwa

Roberto Gin, Gregorio Yap, Alfredo Cam, Ernestina Loo, Guillermina Maguida, Arturo Tan, Santiago Chau y Domingo Yap.

Grupo de jóvenes pertenecientes al Cheng Ning Hui. Década del 60.

1.4. ITALIANOS

Dentro de los grupos de inmigrados europeos, la colonia italiana fue más dispersa en el norte y en sus salitreras, desarrollándose fuertemente entre 1880 y 1930, época en que miles de italianos inmigraron a América.[24] Una de las características apunta a un proceso denominado como inmigración libre, en base a la cadenas migratorias, sustancialmente definidas por las familias. Abocaron sus actividades prioritariamente al comercio e industria. Según el censo de la colonia italiana en Chile realizado entre 1926 y 1927[25], en el Departamento de Tocopilla los italianos que destacaban en la venta de abarrotes eran las familias Farmolaro, Gaetano, Fraumeni, Bongiorno y CIA y Schiappacasse. En tostadurías y café, destaca el Sr. Onetto, en las panaderías Pedro Mondaca, en las paqueterías y zapaterías, Fraumeni Bongiorno y Cía.

Las primeras familias inmigrantes avecindados en el puerto fueron Cessari, Martinetti, Bongiovanni, Postori, Pellegrini, Picardo, Begliomini. Un caso representativo es la familia Aste. En 1927, desde Italia llegaba al norte de Chile un juvenil Lorenzo Aste Viacaba junto a su esposa María Depinto, ambos nacidos en Rapallo. Su primera parada fue Iquique y luego de celebrar fatídicos negocios, y también por enfrentar serios conflictos entre paisanos, llega a Tocopilla en 1932.[26] Es en el puerto salitrero de Tocopilla donde levantan una tienda de telas llamada "La Sin Rival" que para los tocopillanos siempre fue reconocida por el apellido de su dueño, popularmente mencionada como "La Casa

---

24 Díaz, 2002.

25 Censo Industrial y Comercial de la Colonia Italiana en Chile, 1926-1927. Pág. 9. Disponible en http://memoriachilena.cl

26 Entrevista a Dino Aste Depinto. Tocopillano, nacido en 1930, empresario jubilado y dirigente social, descendiente de inmigrantes italianos. Entrevista realizada en Tocopilla en diciembre del 2011.

Aste". Fue una exitosa tienda especializada en la venta de géneros, y luego en discos y paquetería, ubicada actualmente en la calle 21 de Mayo (número 1773). En la década del cincuenta, el establecimiento implementaría la venta de tocadiscos, amplificadores e instrumentos musicales. El hijo de Lorenzo y María, Dino Filipo, instalaría un taller en donde confeccionó una serie de parlantes marca *D'aste*. De la misma manera, en este rincón nacieron enormes amplificadores, cuyos gabinetes se confeccionaban con tapas de tarros de aceite de 200 litros. Fabricarían, además, toda clase de aparatos electrónicos, como radios a tubo, citófonos, radio electrólas, pedestales, parlantes, entre otros objetos.[27] Cabe señalar que Lorenzo Aste Viacaba, fue nombrado por el gobierno italiano como *Corresponsal Consular*, cargo que ejerció hasta 1959, al momento de su muerte. Asimismo su esposa María obtuvo la *Estrella de la Solidaridad* otorgada por el gobierno de Italia en la década del sesenta, debido a su actividad consular, heredada tras la muerte de su esposo, y llevada a cabo por más de 20 años. Ella fue caracterizada por la ayuda a sus coterráneos que venían a buscar suerte a Chile. Participó incansablemente en la Acción Católica local, y justamente por esa labor recibió la Bendición Papal por parte de Juan Pablo II en 1984.[28]

Un poco antes de la llegada de la familia Aste, ya había configurado un gran capital Benedetto Schiappacasse a través de la "Fábrica de Fideos Tocopilla", distribuyendo sus productos por la gran cantidad de oficinas en la pampa salitrera. Este negocio se vio fuertemente favorecido por las grandes compras que le realizó el Estado para poder implementar la Olla del Pobre; institución

---

27 Actualmente constituye unas de las disquerías más antiguas de Chile, en donde se ha complementado sus productos con una gran variedad de repuestos electrónicos, libros y videos. En junio del año 2012 cumplió 80 años.

28 Entrevista Dino Aste, 2011.

asistencialista que se encargó de alimentar a miles de tocopillanos golpeados por la mayor depresión económica conocida en el mundo, la originada en EE.UU., en 1929. Por ejemplo, en un documento de *Giro y Comprobante de Egreso* emitido a la Gobernación, Benedetto Schiappacasse, cobraba once mil ciento cuarenta y cuatro pesos por *"varias mercaderías entregadas para la atención de los cesantes, según facturas adjuntas".* [29] Todas estas actividades comerciales dieron pie a una senda acumulativa de capitales y propiedades de bienes inmuebles en la localidad. La participación de Schiappacasse, acogedor de otros paisanos a quienes les ofrecía trabajo, también abarcó la dirigencia; Schiappacasse fue Presidente de la Cámara de Comercio en la década del 40, además precursor en el desarrollo de la idea de crear un "Espigón de Atraque" en el puerto de Tocopilla para facilitar el cabotaje y la importación de bienes de consumo. Precursor de la idea de implementar un camino costero entre Iquique y Tocopilla, razón que le llevó a realizar un viaje en caballo por la escabrosa geografía de la Cordillera de la Costa en 1930, acompañado del Alcalde Juan Fuenzalida. El patrimonio arquitectónico de Tocopilla, suma un gran inmueble perteneciente a la Fábrica de Fideos Tocopilla levantado en 1932 por el constructor descendiente de italiano Ricardo Gho, quien, en su estadía en Tocopilla (1905-40), levantó innumerables edificios.

---

[29] Archivo de la Gobernación, Giro y Comprobante de Egreso N° 35 con cargo a la Ley de Régimen Interior del Ministerio de Bienestar Social, 2 de abril de 1932.

Arriba: Gerardo del Lago y Rigoberto Alegría en la implementación de *La Virgen del Camino*, verdadero santuario popular caminero entre Tocopilla y Antofagasta. Abajo: la familia italiana Aste Depinto en la "Sin Rival".

Otro paisano comercialmente destacado fue Pedro Mondaca, quien estableció uno de los amasaderos más relevantes en los inicios del siglo XX, a través de la panadería "El Cañón".[30] A ejemplo de lo que ocurrió con Schiappacasse, Pedro Mondaca igualmente fue beneficiado por las grandes compras realizadas por el Estado para implementar la Olla del Pobre en 1932, siguiendo así el camino iniciado por el fabricante de fideos mencionado. Por ejemplo, el 14 de abril de 1932, Mondaca emite una factura por la suma de $15.824.80 pesos por el concepto de *"suministración de pan para los obreros cesantes desde el 22 de febrero hasta el 31 de marzo, inclusiva pedidos (…) se otorga con cargo a la Ley de Régimen Interior"*.[31]

Otro inmigrante italiano destacado sería el responsable de la instalación de un gran local comercial, llamado "Casa Larco". En primer lugar, fue un gran negocio fruto de la sociedad conformada por los italianos Miguel Larco y Benedetto Merello. En 1924, ya pertenecía a la sucesión de Larco y proveía a la ciudad una gran diversidad de conservas y distintos tipos de quesos importados.

30 Local de material ligero que, en enero de 1930, fue destruido por un gran incendio propagado en gran parte del sector periférico norte de la manzana constituida por calle Baquedano, Prat y 21 de Mayo, consumiendo parte importante de ese sector céntrico caracterizado por su arquitectura en pino oregón.

31 Arch. Gob. Tocopilla, giro y comprobante de egreso a la Tesorería de Tocopilla, N° 34. 14 de abril de 1932.

Calle 21 de Mayo y una cuadra con casas comerciales de italianos: en la esquina de calle Serrano la antigua "Casa Larco", al centro "La Minerva" de Aníbal Malvino, al costado sur, "Fábrica de Fideos Tocopilla" de Schiappacasse y en la otra esquina, "Almacenes del Lago".

Poseía además una fábrica de fideos en calle San Martin, siendo las pastas corrientes y los fideos especiales preparados con huevos su exclusividad. El gran inmueble usado por "Casa Larco" es una obra que fue ejecutada a pedido de la Sociedad Comercial Italiana (creada en 1893) encabezada por los señores Martina, Famolaro, Fraumeni y otros. Esta tienda se originó con la fusión de otro negocio "La Joven Italia"[32], entre ambos, configuraron una gran empresa. Por su parte "Esquina Verde", perteneciente a esta misma sociedad, fue la primera versión de una multitienda instalada en Tocopilla, especializa en la venta de paquetería, abarrotes y telas, allí en calle 21 de Mayo esquina Colón. Otra multitienda instalada en Tocopilla, y por ello, una de las más

[32] "La Joven Italia" fue la sede durante muchos años de la casa comercial DIN, aquella vieja casona fue demolida en enero del año 2011 para dar paso a un nuevo local de la tienda comercial.

recordadas fue "Almacenes Del Lago". Este gran local comercial perteneció a italianos provenientes de la zona de Trento, ellos eran Gerardo del Lago y Blanca Romo, su esposa. En este gran almacén se vendían todo tipo de productos, desde cemento, telas, un sinfín de abarrotes, maderas, alcoholes, vinos, algunos electrodomésticos y vehículos.

Tuvo varias denominaciones, la primera fue "Casa Del Lago", prontamente fue "Girardi Hermanos", para luego variar a "Girardi & CIA", para culminar definitivamente como "Almacenes Del Lago". Un rubro igualmente explorado por algunos italianos en el ocaso de la primera mitad del siglo XX fue la locomoción colectiva, a través de taxis.

Ricardo Gho se radicó con toda su familia en Tocopilla en el año 1910. En la ciudad, desarrolló diversas actividades, siendo la más relevante el rubro de la edificación, dejando así una gran impronta en el espacio local: fue el constructor de muchísimas obras inmobiliarias que, a lo largo de la historia, han constituido el patrimonio arquitectónico comunal. Según el recuerdo familiar, especialmente de su nieto Wolfgang Gho, participó en la cimentación de la Municipalidad (1931), también en variadas intervenciones en la Plaza Condell, edificaciones en el cementerio local (1930-31), montó poblaciones para obreros, casas y edificios de la localidad tales como la panadería "El Sol" (1927), la Farmacia Inglesa (1930) y la Fábrica de Fideos de Schiappacasse (1932). La casa de la tienda "La Industrial" (1932) y un conjunto de casas en la avenida Arturo Prat 1450. El sello de su obra quedaba reflejado con el grabado de su nombre. Nos cuenta su nieto que, la crisis de 1930, en donde más del 90% de la población tocopillana se empobreció, sumado a los malos manejos financieros, hizo que su actividad comercial se viera fuertemente afectada, lo cual, también generaría un desafortunado quiebre familiar. Ante ello, dejó Tocopilla y decidió radicarse en Santiago. Su fábrica de colchones y maletas más una licorería tampoco resistirían el impacto de la gran depresión económica. Gho Arcaya, que había llegado en 1905, dejaba para siempre, en 1940, la ciudad de Tocopilla, dejando impresa en ella su sello: los patrimonios arquitectónicos que han configurado la identidad de casco viejo local.[33]

María Depinto, comerciante; Elena del Lago, profesora y Lorenzo Aste, comerciante.

[33] Entrevista a Wolfang Gho. Nacido en Santiago, descendiente de italianos. Trabajador en el área minera. Entrevista realizada en Tocopilla en agosto del 2009.

Grupo de italianos en el sector de la Piedra del Casamiento (Circa 1930).

La "Joven Italia" y "Esquina Verde" las primeras multitiendas de Tocopilla, calle Colón esquina 21 de Mayo.

1.5. YUGOSLAVOS

Los eslavos, predominantemente croatas[34], llegaron al norte a comienzos del auge salitrero finisecular, siendo Iquique, Tocopilla y, principalmente, Antofagasta, los centros de mayor aglomeración. Desde estos centros urbanos muchos de ellos se distribuyeron por la pampa salitrera, conformando grupos de comerciantes, empleados y profesionales.[35] Su arribo estuvo determinado por su pasaporte austriaco, por efecto de pertenencia territorial al imperio Austro-Húngaro. Muchos de ellos llegaron huyendo de los conflictos bélicos y étnicos que asolaban en Los Balcanes, para ello tuvieron que atravesar el Estrecho de Magallanes, o llegar desde Argentina atravesando la Cordillera de Los Andes. Generalmente, estuvieron inicialmente en Iquique y desde allí se reubicaron en Tocopilla y Antofagasta viajando por la costa.[36]

Los que llegaban al norte de Chile eran principalmente gente del mundo rural, agricultores, pescadores y pastores provenientes de Brač y de otras islas de Dalmacia. Muchos arribaron muy jóvenes con pocos años de escolaridad, pero destacaron por su particular

34 Los croatas son un pueblo de la comunidad eslava cuyo territorio, ubicado en la costa del mar Adriático, fue durante siglos frontera entre el Imperio Austro-Húngaro de los Habsburgos y el de los Turcos. El desplome de estos dos imperios, tras la Primera Guerra Mundial, significó el surgimiento del Reino de Yugoslavia que agrupó a los croatas, eslovenos y serbios bajo el liderazgo de estos últimos en Belgrado. La alianza de este reino con las naciones fascistas en la Segunda Guerra Mundial lo llevó a su disolución en 1945 y a la formación de la República Socialista Federativa de Yugoslavia, siendo Croacia una de las seis repúblicas. En la década de 1990, luego de la caída de socialismo soviético, Croacia logró, tras una guerra con Serbia, ser reconocida como una república independiente por la comunidad internacional (Denitch, 1995).

35 Zlatar, 2001.

36 Garafulić, 2012.

disciplina de trabajo, siendo reconocidos socialmente como perseverantes, ordenados y dedicados al trabajo. [37] Su emprendimiento fue en base a la configuración de pequeños negocios que, de a poco, crecían en capital y ganancias. En varios de estos casos, se vio la solidaridad entre paisanos, puesto que muchos de estos, inicialmente en pequeños negocios, sirvieron de apoyo a los recién llegados. En general, los primeros sueldos obtenidos eran enviados en gran parte a sus localidades de origen, para así poder cancelar lo gastado en el largo viaje. El excedente de ello se aplicaba al trabajo: trataban de capitalizarlo en nuevas transacciones y con eso se vio como resultado el surgimiento de quintas, grandes tiendas, almacenes y mercerías. Se configuraba así una red social que ejerció un modo de demostración en cuanto al incentivo de nuevos inmigrantes, el capital para inmigrar a Chile no sólo dependía del dinero, sino que también de un capital humano basado en la información sobre la localidad a inmigrar.

Un ejemplo de la acción e impacto de estas redes migrantes en el asunto croata se demuestra en el caso de Stoyan Vucina Crnosija, nacido el 7 de enero de 1904 en la isla de Ugljan, quien llegó al norte chileno en 1927. Una vez en Chile, se dirigió a la pampa salitrera para desenvolverse en distintas labores, en su paso recorrió las oficinas salitreras Prosperidad, Rica Aventura y Santa Isabel, en todas sus labores fue auxiliado por paisanos. No obstante, nos cuenta su primogénita que: *"su origen isleño hizo que extrañara el mar, y por tal razón no se pudo acostumbrar al hostil y huraño clima desértico, por lo cual decidió bajar a la costa".* [38] En ese escenario se dirigió a Tocopilla. *"…los pueblos del mar, son los que más progresan"* ese era su enunciado más elocuente recordado por su

---

37 Garafulić, entrevista 2012.

38 Entrevista a Desanka Vucina. Tocopillana, descendiente de croatas, empresaria hotelera jubilada. Entrevista realizada en Tocopilla en marzo del 2009.

descendiente. Residiendo en Tocopilla, tuvo que enfrentar condiciones de vida muy adversas. Sus primeros días fueron en la playa *El Panteón* en donde armó una improvisada y rustica vivienda. Todo sumado a la dificultad del idioma, en donde la ambigüedad de sonidos y significados, le jugaba malas pasadas. Luego, tomaría contacto con el dueño del gran negocio de su época "El Barril Colorado" regentado por un compatriota, de apellido Cicković[39], con el cual iniciarían una relación contractual. Su primer negocio lo constituyó una botillería, instaurada en pleno centro comercial de la ciudad. Su descendiente, nos señaló en entrevista que aquel negocio habría comenzando sólo con dos chuicas de vino. Desde ahí, Stoyan Vucina iniciaría a construir sus proyectos, entre ellos la conocida *quinta de verduras* ubicada en la calle 21 de Mayo en donde, posteriormente, instaló el "Hotel Vucina". Su quinta, en un mediano plazo, sería unas de las principales proveedoras de la provincia, generalmente de las salitreras. Más tarde fundaría también una carnicería. De esta forma, su imagen dentro de la comunidad se iba consolidando, como así también se iba robusteciendo su admiración y agradecimiento por Tocopilla, puerto por el cual expresó diversas ideas de progreso.[40]

---

39 En el caso de los apellidos terminados en *ović*, se puede decir que la mayor parte de los idiomas indoeuropeos, incluidos los eslavos, configuran sus apellidos en forma de patronímicos; es decir, el *ović* (pronúnciese ovich), significa "hijo de". En el dilema de adaptarse a la pronunciación, el recurso más corriente fue el de agregar una h al final del ić.

40 En su convencimiento que la ventaja comparativa de Tocopilla estaba en su relación con el mar, fue el principal promotor del "Espigón de Atraque" en la bahía tocopillana, el cual en la década del sesenta vio germinar sus primeras señales de concreción, siendo la visita del Presidente de la Republica Eduardo Frei Montalva el momento preciso para inaugurar su primera etapa (Vucina, 2009).

El caso de Vucina también nos sirve para dar cuenta de las vinculaciones entre la tierra de origen y la tierra receptora. En la época de la Segunda Guerra Mundial, la tierra de origen sufriría muchos embates y tragedias, en su afán altruista, los yugoslavos recibirían por parte de los que habían emigrado la suficiente ayuda consistente en ropa y alimentos, los cuales eran adquiridos en Tocopilla. "*En el caso de mi padre, recuerdo que no fueron pocas las veces en que prácticamente vaciaba algunas tiendas del puerto en donde se vendía ropa*", nos relata Dusanka Vucina. Todas estas acciones solidarias de muchos yugoslavos, mereció que fueran reconocidas por el mismísimo líder Josip Broz "Tito", quien condecoraría con una medalla Estrella al Merito en una polémica visita que realizó "Tito" a Chile.[41] En el caso de Vucina[42], la imposibilidad del viaje a Santiago, entre otras cosas por la carencia de un frac o smoking, hizo que aquella medalla fuese entregada por el embajador de visita en Tocopilla, en octubre de 1963. De la misma manera el gobierno de su país natal lo nombraría "Cónsul Corresponsal de Tocopilla". [43]

---

[41] Lučić, 2008: pág. 23.

[42] En su rol de inmigrante, no se vio impedido por contribuir con el puerto que lo cobijó, en ese sentido, su participación se haría más profunda en la Cruz Roja tocopillana y en la Sociedad de Socorros Mutuos. Su visión progresista también se centraría en la conectividad de Tocopilla, por este motivo conformaría el "Comando Costero de Tocopilla", grupo anhelante de la unión entre Tocopilla e Iquique a través de la costa. Por ello, este grupo de pioneros estuvo encargado de la construcción del tramo que va desde Tocopilla hasta la desembocadura del río Loa. Los hombres trabajaban a pulso y la idea era colosal, todos debían colaborar. Por su parte, Stoyan Vucina ayudaba en la distribución de las colaciones y almuerzos para estos gastadores de montañas costeras. Este proyecto considerado utópico para su época, vio sus primeros frutos en 1971, precisamente el día 14 de julio, cuando se realizó el histórico cruce en el sector de la desembocadura del rio Loa.

[43] A los pocos meses de este acontecimiento, Stoyan Vucina fallecería a la edad de 69 años. Corría diciembre de 1971.

El Club Yugoslavo, al poco tiempo de su inauguración en 1931.

Yugoslavos y descendientes en una actividad de intercambio con el Club Yugoslavo de Antofagasta.

Los eslavos en Tocopilla fueron muchos, entre ellos las familias Pecković, Cicković, Panović, Marinović, Budinich, Garafulić, Medar, Jordan, Rusin, Vlahović, Buratović, Vrabević, Glasinov, Glasinović, Bakulić, Ivanović, Ljubetić, Busanich, Koscica, Franulić, Basić, en su gran mayoría comerciantes. Entre todos ellos fundarían el "Club Yugoslavo", configurándose como el primer objetivo construir un gran local para sus actividades. Su meta vio la luz cuando cimentaron un inmueble de dos niveles y grandes dimensiones para Tocopilla de los años 30. Este edificio, de estilo Art Decó Americano, conforma una de las esquinas más características del puerto. Por otro lado, cabe resaltar que las actividades de esta colonia poseían un fuerte rasgo cultural y artístico, debido a que, constantemente actuaba en este local un grupo musical llamado "Kolo", el cual interpretaba una serie de bailes, danzas, cantos y canciones o rondas de niños. Este grupo fue creado en 1939 en Antofagasta. Su debut en Tocopilla fue el 1 de diciembre de 1940. Posteriormente, también se presentarían otros coros, compuestos casi por los mismos integrantes del grupo anterior, pero este se denominaba "Yugoslavenski Zbor".[44]

En gran parte los integrantes de esta colonia se dedicaron a la instauración de mercerías. Por citar un caso, tenemos la aún vigente y correspondiente a la sociedad Hermanos Mandaković; entre ellos Milovan y Marino, oriundos de la Isla de Vis.[45] Este impulso comercial y especializado de estos eslavos, igualmente fue reflejado en los Budinich con la Mercería Prat y la mercería de la familia Rederić. En el caso de la familia Mandaković, el inmueble que erigieron, destinado a la mercería, es monumental[46] dentro de su contexto arquitectónico local, surgido en 1929.[47] Sin duda que la cimentación de grandes edificaciones refleja el emprendimiento de los inmigrantes, que en muchas ocasiones llegaron sólo con sus pasaportes, y que, con el correr de los años, fueron amasando capitales que luego se transformaron en grandes fortunas, expresadas, usualmente, en la gran cantidad de bienes raíces. En ese contexto la familia Mandaković mantuvo un gran poder económico que abarcó varios rubros; poder económico resultado de esfuerzo, trabajo y también de especulación, con el evidente riesgo monetario para sus arcas, pero que generalmente fueron

---

44 Garafulic, entrevista 2012.

45 Vis o Lissa es una péquela isla situada en la zona croata del mar Adriático. Se encuentra a 47 kilómetros de la ciudad de Split, la mayor urbe de la región de Dalmacia y la segunda en tamaño de Croacia.

46 En los altos de este inmueble funcionó durante varias décadas otro club connotado en la comunidad, hablamos del Club Español, en donde se realizaban reuniones de socios, del mismo modo grandes y elegantes fiestas.

47 El origen de la mercería de la Sociedad Hermanos Mandaković, data de 1912. Siempre ha tenido a la venta un amplio stock de herramientas, pinturas, cristalerías y enlozados. Antecedentes que han contribuido a que, actualmente, constituya uno de los negocios más antiguos de la localidad.

exitosos. Uno de sus integrantes, Juan Mandaković, proporcionó el alumbrado eléctrico a la ciudad, desde 1912 hasta 1942. Él, junto a su socio y paisano Vlastelíca, instalaron una generadora de energía eléctrica exitosa y económicamente muy rentable. Otro caso de emprendimiento, podemos citar a Elías Cicković Chorovich. En primera instancia, instaló una panadería.[48] Entre aquellos sacos con harina dormían los croatas y serbios recién llegados que poseían como capital, sólo sus pasaportes y documentos. Posteriormente, se aliaría con un primo, y conformarían la Sociedad *Cickovic y Cickovic*; estos comerciantes construyeron otro fastuoso inmueble para instalar allí el gran almacén "El Barril Colorado" en 1932, negocio en donde se expendía una gran variedad de abarrotes y licores. Estos socios comerciales fueron grandes vendedores de víveres para el Estado, así ha quedado comprobado con la gran cantidad de facturas emitidas a la Gobernación en la crisis del 30. Estos socios del mismo modo crearon la compañía de seguros "La Yugoslava", la cual estaba especializada contra incendios, riesgos marítimos y cesantía. Según uno de los bisnietos[49], a estos comerciantes siempre se les avisaban que a puerto llegaban inmigrantes croatas. Cicković siempre los mandaba a buscar, los acogía dándoles trabajo y enseñándoles el idioma.

El caso connotado es del filántropo Marko Medar, que nació en Mεtkovic el 2 de enero de 1915, llegando a Chile el 17 de marzo 1939. En su tierra natal fue técnico agrícola trabajando en los campos yugoslavos, principalmente en tiempos de vendimia. Llegó

---

48 Llegó desde Serbia al Perú, ciudad de Lima, para después recalar en Tocopilla. Contrajo matrimonio con Guillermina Márquez La Plata. De ellos nacieron: Zlartka, Ksenija, Mirko, Mirka, Nevenko y Milena. (Entrevista realizada a Jorge Choc. Viñamarino nacido en 1970. Descendiente de serbio. Octubre del 2011).

49 Choc, entrevista 2011.

a Tocopilla, luego de su paso por Antofagasta, y fue en esta primera ciudad en donde comenzó a trabajar con su hermano Pedro. Luego se independizó y se desenvolvió como empresario panificador, a través de la recordada "Panadería Latorre" de calle Sucre. Sintió mucho afecto por estas tierras chilenas, apoyando una serie de instancias progresistas, entre otras; el "Espigón de Atraque", la apertura del "Camino Costero". Su vocación de servicio, lo llevó a participar en connotadas instituciones, tales como el "Club de Leones", "Tocopilla Sporting", "Asociación de Industriales Panificadores", "Club de la Unión", "Cruz Roja", "Club Chilenito", "Club Yugoslavo" y la "I. Compañía de Bomberos". Se casó con la Señora Fanny Garafulić Simunović, también con ascendencia yugoslava y ex Directora de la Escuela Superior de Niñas N°2, con quien compartió 37 años de matrimonio. Junto ella fue posible cumplir su deseo de visitar su patria lejana, aquella que lo vio nacer, viajando en tres oportunidades a Yugoslavia. En su patria de origen conoció la guerra y el dolor provocado por la crueldad humana. Por esas razones, Marko Medar –aquel que admiraba al Mariscal "Tito"– se convirtió en un filántropo. Muchas familias recibían de su propia mano el pan de cada día entregado silenciosamente. Era muy admirado por su solidaridad, simpatía, por sus consejos, por su experiencia y por su historia de emprendimiento.[50] Su vida también fue marcada por el futbol, llegando a ser entrenador de la Selección de Tocopilla, asimismo dirigente y arbitro. Su principal logro como entrenador en mecenazgo fue llegar con su equipo en el año 1957 a las finales del Campeonato Nacional de Futbol, realizado en María Elena, en el cual obtuvo el segundo lugar ante

---

50 La Prensa de Tocopilla, 2 de octubre de 1982, pág. 6. Reportaje sobre la vida de Medar y su connotación pública realizado por el profesor Hugo Vidal Zamorano.

el equipo de Peñaflor. Bajo su alero, fueron muchos los deportistas que lograron desarrollar su carrera.[51]

Pedro Nicola Šore Berticević fue originario de Supetar, que es el centro de tráfico y de administración de la isla de Brač. Su arribo fue en el año 1930, siendo Mejillones el puerto que lo recibe. Pedro venía en soledad y su objetivo estaba claro: buscar a su abuelo con el cual había perdido contacto. Los datos sobre su abuelo eran escasos, sólo sabía que trabajaba en las salitreras. Para emprender tan ardua misión los ahorros fueron primordiales y con ellos tuvo la capacidad y el capital para emprender el largo viaje. La búsqueda de su abuelo era un tema importante en la familia, porque su abuelo era el encargado de enviar remesas hacia Croacia.

Al llegar el norte de Chile, aún no se vivían los estragos de la crisis económica de 1929, Tocopilla vivía los impulsos generados por el salitre y el apogeo económico estaba en su marcha. Tocopilla se convirtió en la oportunidad de emprender y surgir, conllevando un prospero porvenir. Por ello, su primer negocio, gran almacén, se llamó "Porvenir" ubicado en la esquina de calle 21 de Mayo con Serrano. Local comercial comprado a Nikolas Bakulić, otro croata. Poco a poco el negocio fue surgiendo obteniendo buenos frutos económicos a través de la distribución de confites, cigarrillos, etc.

Una vez enraizado en Tocopilla, Pedro Šore Berticević nunca olvidó su isla natal, por ello mantuvo cada una de sus tradiciones, en especial la de sus comidas: las preparaciones con chucruth, su

---

51 Su vida llena de tantas historias y anécdotas, se tronchó inesperadamente en un accidente carretero el 18 de septiembre de 1986 cerca de Chañaral. Su esposa Fanny salvó admirablemente después de tres meses de hospitalización. A pocos días de su muerte, el Alcalde Carlos Cantero lo distinguió en forma póstuma con la *Orden Al Merito Ciudadano.* Merecido reconocimiento para este gran personaje enraizado en estas tierras de salitre, cerros y mar (Garafulić, entrevista 2012).

afición por el aceite de oliva en la mesa, sekeli gulas, punjene páprike, páprikas, orehnjaca, makovnjaca, entre otras.

No obstante, frente a las hostilidades vividas en Europa por efecto de las guerras, Pedro Nicola no articuló un discurso que expresara ideas del retorno; contribuyó además las raíces engendradas en Tocopilla, lugar en donde se casó y tuvo hijos.[52]

Por otra parte, hubo muchos casos de inmigración croata en base a la contingencia. Es decir, muchos marinos mercantes decidieron quedarse en Tocopilla por temor a la guerra, en especial a la iniciada en 1939. En algunas situaciones, marinos cansados de su deambular, decidieron quedarse gracias al hallazgo del amor en Tocopilla.

Por ejemplo, en los diarios locales se informaba que *"Cuatro yugoslavos desertores del vapor Orao surto en Antofagasta fueron detenidos por Investigaciones (…) tienen miedo a la guerra y querían radicarse en Tocopilla donde uno de ellos tiene parientes".* Todos ellos eran jóvenes que no sobrepasaban los treinta años. Sus nombres eran Euzen Kusman, Rancevic Massara, Ante Vidulic Pezusic y T. Vuccina Goja.[53] Muchos otros casos pasaron inadvertidos y tranquilamente se quedaron en el puerto salitrero.

En base a lo contando por Vjera Slatar (2005), la movilidad de los croatas en el norte de Chile es patente, al menos así quedó demostrado en las movimientos residenciales atestiguados entre salitreras y puertos. Por ejemplo, Petar Divić Stanić nació el 23 de febrero de 1892 en Baska Voda. Sus padres. Llegó a Chile en 1927. Fue pescador y residente en Tocopilla. Se casó con Katica Vagaja y sus hijos fueron Yolanda y María. Falleció en Iquique el 8 de junio

52 Entrevista a Yanko Šore.

53 La Prensa de Tocopilla, 6 de diciembre de 1939.

de 1946.

Ljubo Franjola Zaro, nació en Ložišća (Brać) en 1882. Llegó a Chile en 1901. Franjola fue empresario hotelero. Se inició en la actividad hotelera en Iquique en 1903; en 1923 compró el Hotel Europa en Antofagasta. Sin embargo en 1928 se traslada a Tocopilla y se incorpora al Club Social y Sociedad Yugoslava de Tocopilla. Se casó el 16 de enero de 1909 con Hortensia Prado Toro.

Juan Mandaković Lučič, nació en Vis en 1878. Llegó a Chile en 1896. En 1907 ya era Jefe de Pulpería en Oficina Santiago. Y luego industrial en Tocopilla. Falleció el 25 de febrero de 1951. Su hermano fue Marín Mandaković Lučič, quien llegó a Chile en 1898. En 1907 también era Jefe de Pulpería en Oficina Mapocho. Se casó en 1912 en la Oficina Peregrina con Oliva Medina Ramos. En la década del 20 se radicaría definitivamente en Tocopilla.

Juraj Matulić Zorinov, nació en Pučisća (Brać) en 1884. Llegó a Chile en 1896. Llega primero a Iquique, posteriormente a Tocopilla y Antofagasta. Su esposa fue Mercedes Bierof, su hijo: Danilo. Segunda esposa Katica Cicarelli Kovaćević. Falleció en Santiago en 1941.

Marin Pećarević Kuljić, nació en 1910 en Vis. Se radicaría en Tocopilla en el año 1928, fue socio fundador de la Sociedad Yugoslava de Socorros Mutuos y Club Social. En 1930 se traslada a Iquique, donde trabajó en la cantera de Punta Negra. Falleció en Santiago el 21 de noviembre de 1940.

Nikola Roić, nació en Stari Grad (Hvar) en 1879. Llegó a Iquique en 1898 donde trabajó como empleado. En 1907 se hace comerciante en Tocopilla, fue dueño de una fábrica de licores.

Juan Roić Muskatello, nació en Dol (Hvar) el 20 de julio de 1874. Llegó a Iquique en 1892. En 1894 ya era socio de la Sociedad Austro-Húngara de Socorros Mutuos de Iquique. Trabajó en la Oficina Lagunas. Se casó el 17 de diciembre de 1898 con María Gallardo Cristi. Falleció en Tocopilla en 1938, pueblo en cual vivió durante muchos años.

José Susanić, nació en 1845. Dedicado a la cocinería. Estuvo toda su vida en Tocopilla pero, falleció el 2 de junio de 1900 en Pisagua.

Después de 28 años de explotación comercial apagará sus fuegos la Empresa de alumbrado Mandakovic y Vlastelica

Uno de los personeros de la fábrica elevó una solicitud a S. E. por intermedio de la Gobernación a fin de paralizarla. — En las condiciones actuales no puede financiarse

SE INICIO EL 1.o DE AGOSTO DE 1914 Y TERMINARA EL 31 DE MAYO DE 1942

Después de 28 años de explotación comercial apagará sus fuegos la fábrica de luz eléctrica de Tocopilla, la que durante ese lapso funcionó bajo la razón social de Mandakovic y Vlastelica.

En realidad, según lo digimos en otra oportunidad, la Compañía de Electricidad Mandakovic y Vlastelica nació no como una firma comercial, sino como una organización de carácter privada, o sea para el alumbrado particular de un grupo de personas situada por los alrededores de la pequeña planta.

Las necesidades siempre crecientes y las peticiones en aumento del vecindario y de las autoridades, determinó que ésta empresa privada se convirtiera en una empresa de servicios públicos empezando su explotación comercial el 1.o de agosto de 1914.

Vicisitudes diversas determina-

Los dos motores que se encuentran con algunos desperfectos y que durante muchos años dieron luz al pueblo.

Recién en el año 1942 se masifica el servicio eléctrico en Tocopilla, por gestiones del alcalde Víctor Contreras Tapia en conjunto con CORFO y The Chile Exploration. Antes de esta alianza, la ciudad fue iluminada desde 1914 hasta 1942 por la *Compañía Eléctrica Mandakovic & Vlastelica,* compañía con socios de origen croata.

Mercería y ferretería Budinich en calle Barros Arana con Serrano.

Club Yugoslavo en el momento de la inauguración de su edificio Art Decó en 1931.

1.6. INGLESES

Remitiéndonos al colectivo de los inmigrantes ingleses, por antonomasia nos remitimos al salitre y a la llegada del ferrocarril en Tocopilla.

Acabada la Guerra del Pacifico, Tocopilla pasa a ser parte del territorio chileno, y desde ahí comienza un proceso de industrialización para la explotación, traslado y embarque del salitre dando pie a las instalaciones de la *Compañía Salitrera*, la cual ha sido denominada de distintas formas en su historia: Concesión Squire, Anglo Chilean Nitrate & Railway, Chilean Consolidated Nitrate Corporation, Compañía Salitrera Anglo Chilena, Compañía Salitrera Anglo Lautaro y finalmente derivó en Soquimich (Hoy SQM).

En base a lo dicho, en el periodo postguerra, se inicia todo un proceso de reorganización de la explotación del salitre. Su evidencia es la atrevida construcción de un ferrocarril montañoso costeño a cargo del británico Edward Squire, concesión adquirida el 12 de mayo de 1883. La ley que lo oficializó fue promulgada en el Diario Oficial recién el 23 de enero de 1888. *"se concedía* (…) *también el uso de terrenos fiscales necesarios para la construcción* (de) *vías, estaciones, muelles y el uso de los caminos públicos que atravesaran las líneas, siempre que no perjudicaran el tránsito"*.

Mientras se ejecutaban los trabajos de planificación de la línea y de la oficina salitrera que se levantaría, se funda en Londres el 28 de marzo de 1888 la sociedad anónima Anglo-Chilean Nitrate & Railway Company Limited. En octubre comienza la construcción de la Oficina Santa Isabel, punto de término del ferrocarril. El encargado de la obra fue el ingeniero chileno Manuel Ossa Ruiz.[54]

La concesión fue transferida a la compañía Anglo Chilean Nitrate and Railway; se ha estimado que poseía un capital 500.000 libras esterlinas, las que estaban distribuidas en alrededor de treintaicinco mil acciones, de preferencia de 10 libras cada una. Aquella venta también involucraría el traspaso de diez estacas[55] bolivianas en terrenos salitrales considerados productivos.[56]

---

54 Hijo de José Santos Ossa, poseía la experiencia de haber participado en la construcción del ferrocarril que unió a Osorno y Pichiropulli. Una de sus más importantes obras fue la construcción del ferrocarril de Arica a La Paz, obra inaugurada el 13 de mayo de 1913.

55 *Estaca* es la denominación usada en Bolivia y Chile hacia los *Derechos de Pertenencia Minera*, que eran concedidas por los Estados mencionados.

56 Mención hecha a los terrenos salitrales de Bella Vista, Buena Esperanza, California, Casualidad, Diana, Emilia, Empresa, Eufemia, Flor del Licancabur, Las Grutas, Leonor, Peregrina, Puntilla, Porvenir, San Andres y Santa Ana.

Panorama de las instalaciones inglesas en Tocopilla, ferrocarriles y muelles para exteriorizar el botín de la guerra: el salitre.

La maestranza ferroviaria en Tocopilla, una de las más tecnológicas del Conosur. Abajo: barcos surtos en las cercanías de la compañía salitrera.

Poderosas máquinas importadas por los ingleses utilizadas en el osado trayecto cordillerano para transportar salitre, toda una revolución mecánica para Tocopilla. Fotografía de B. Fawcett, R.F. Archivo © Ellis Collection, "*The Anglo-Chilean Nitrate & Railway Company*" de Donald Binns.

El 24 de diciembre de 1924, Anglo Chilean Nitrate and Railway pasó a obtener una nueva razón social, denominándose como Anglo Chilean Consolidated Nitrate Corporation. Asociación constituida por Guggenheim Brothers que tuvo como objetivo poseer el control de la empresa salitrera y ferroviaria de Tocopilla, con la intención de instalar a gran escala su nuevo procedimiento de explotación de salitre. Las propiedades de la compañía británica pasan a su poder el 1 de enero de 1925. En 1931, a través de la intervención y asociación estatal, impulsado por los efectos de la gran depresión económica, la empresa se constituye en compañía anónima chilena, bajo el nombre de Compañía Salitrera Anglo Chilena (CSAC), requisito para su incorporación como compañía subsidiaria a la Compañía de Salitre de Chile, la tan amargamente popular COSACH, liquidada en 1933.

Seguidamente, la fusión de la Compañía Salitrera Anglo Chilena y The Lautaro Nitrate Company Limited, propiedad de Guggenheim, da paso a la Compañía Salitrera Anglo Lautaro el 1 de junio de 1950. Para atenuar las dificultades que enfrentaba la industria, se aprobó un Referéndum en 1956, el cual indicaba que se cambiarían los ingresos productores al tipo de cambio real y se calcularían los impuestos en base a las utilidades, no a los ingresos por venta. Luego, una vez caducado la vigencia del Referéndum, se intentó una nueva forma de revitalizar la industria, por ello, en 1968, se crea la Sociedad Química y Minera de Chile, Soquimich. Pasó por varias fases: al principio, su propiedad era compartida entre el Estado de Chile y la Compañía Salitrera Anglo Lautaro S.A. Prontamente, la industria inglesa se nacionalizó y quedó completamente en manos del Estado chileno y, finalmente, en el año 1983, en plena dictadura militar, comenzó su proceso de privatización, que se completó exitosamente en 1988.[57] Todo este proceso contribuyó a que la colonia inglesa fuese disminuyendo gradualmente. Su presencia mayor sólo la podemos detectar en los

---

57 El nuevo dueño sería el yerno del dictador Pinochet: Julio Ponce Lerou, involucrado en las corruptas privatizaciones de una treintena de empresas del Estado realizadas por la dictadura entre 1985 y 1989, que significó una pérdida superior a los mil millones de dólares para el patrimonio estatal.

finales del siglo XIX y principios del XX. Signo de los efectivos beneficios resultados por haber financiado la Guerra del Pacifico.

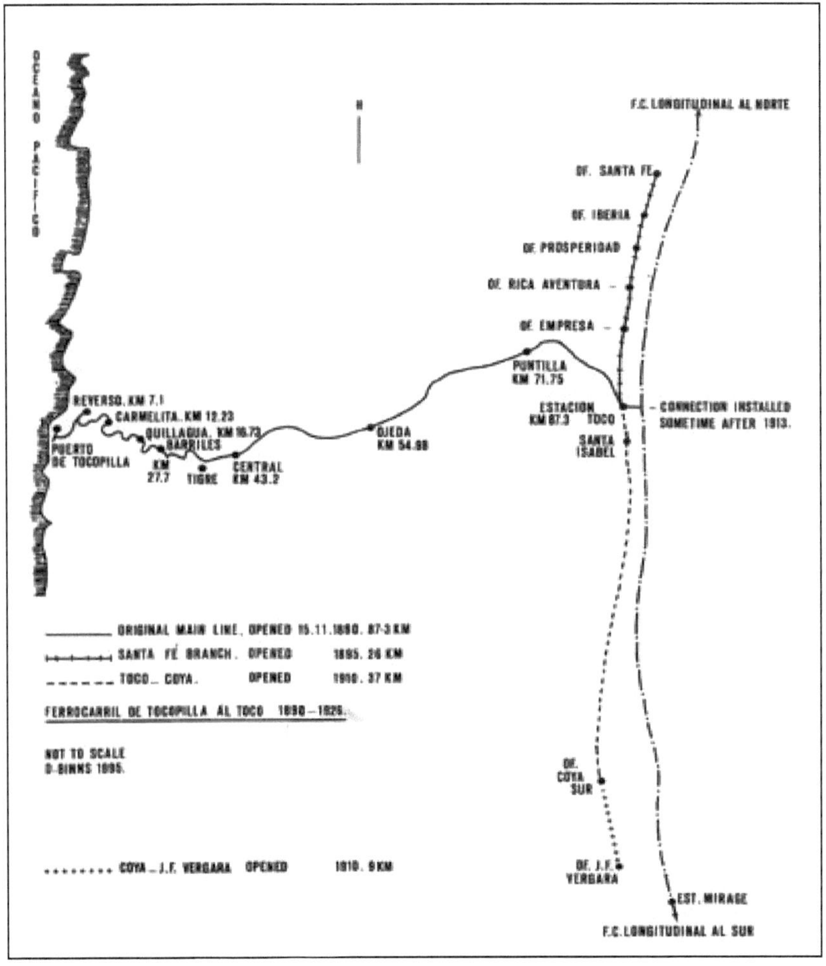

La ruta del salitrero Ferrocarril Tocopilla al Toco y las articulaciones que conllevó. Archivo © Ellis Collection, "*The Anglo-Chilean Nitrate & Railway Company*" de Donald Binns.

La inauguración oficial del ferrocarril montañoso[58] se efectuó el 15 de noviembre de 1890. Cientos de trabajadores chilenos y antiguos esclavos chinos coolies del Perú estuvieron trabajando en escarpados barrancos, angostas quebradas, donde las caídas, explosiones y derrumbes provocaron muchas muertes. Antes de la inauguración, las obras fueron visitadas por el Presidente de Chile José Manuel Balmaceda el 13 de marzo de 1889.[59]

---

58 La línea fue proyectada desde el puerto hasta la pampa siguiendo el curso de la quebrada Barriles, sorteando decenas y decenas de curvas, algunas de hasta 55 metros de diámetro y con una gradiente máxima de 4,1 %; es decir cada un kilometro, la línea de eleva cuarentaiuno metros. Su altura máxima la alcanzó en la estación Ojeda llegando a los 1.495 m.s.n.m., desde allí iniciaba un lánguido descenso hasta El Toco y Santa Isabel, en el kilómetro 88. La línea fue construida con una trocha de 3'6" (1,067 m), y originalmente con rieles de un peso de 24 kilógramos por metro. Contemplando el perfil de la gradiente concerniente en el tramo de la cordillera costeña, veremos que en Tocopilla se posee una elevación que alcanza los 16 metros. En estación Reverso, se llega a los 242 metros de altura. En el sector Carmelita, el trayecto asciende a 420 metros. En estación Quillagua, en donde existen dos vetustos estanques de agua, la altura se eleva por los 597 metros. Desde allí el trazado ferroviario electrificado llega hasta Barriles, alcanzando los 1.001 metros. En el sector El Tigre la ruta llegó hasta los 1.295 metros de altura sobre el nivel del mar.

59 En cuanto a la visita de Balmaceda, debemos consignar que fue un magno evento. La comitiva compuesta por conspicuas autoridades políticas de la época, entre ellas el Ministro de Hacienda Enrique Sanfuentes y el Ministro de Industria Justiniano Sotomayor, acompañados por los generales Gostostiaga y Velásquez. Era una de las primeras giras presidenciales que se realizaba en Chile; en el caso tocopillano, dicha comitiva recorrió las oficinas de la empresa del ferrocarril, para luego inaugurarlo, no sin antes haber realizado un pequeño recorrido por una vasta extensión de rieles. La inauguración consintió en una pequeña ceremonia y un paseo en un carro elegantemente ornamentado para recibir a tan "*excelsa visita*". Una vez llegado al hotel El Comercial, se le brindó

Los ingleses y su proyecto ferroviario, da pie a un proceso vinculado con la vialidad y creación de oficinas salitreras, y la producción de éstas sustenta el crecimiento de la línea, así se desarrollan nuevos ramales: en 1895 el ramal se extiende a Peregrina y Santa Fe pasando por Buena Esperanza e Iberia, a lo largo del cual se levantarán en los inicios del siglo XX, las oficinas Empresa, Rica Aventura, Grutas y Prosperidad. En 1910 como parte del proyecto de implementación de la oficina Coya, se emprende la construcción de un ramal de 31 kilómetros que parte desde la estación El Toco. En 1899 el Ferrocarril traslada 215.475 toneladas de carga y 20.025 pasajeros, que en 1909 han aumentado a 307.919 toneladas y 45.512 personas.

En lo concerniente a las locomotoras importadas por el capital británico, cabe indicar que corresponden a las construidas por la firma Kitson & Company. Luego llegaron otros modelos fabricados por Manning Wardle & Company, Yorkshire Engine Company, Kerr Stuart & Company. Pero las que más predominaron fueron las de Kitson & Company. (En el periodo de 1888 y 1927, trabajaron en la construcción de la vía férrea en sector de la cuesta, además en el transporte del nitrato un total de 37 locomotoras a carbón).[60]

---

un almuerzo al Presidente, todo con el auspicio del Ingeniero del Ferrocarril, míster Jackson. En dicho hotel se escuchó el discurso del dueño del ferrocarril, míster E. Squire quien hizo hincapié en "*que el Presidente había adoptado por el lema el progreso y el adelanto de los pueblos*" asimismo, hubo énfasis en la importancia de la visita presidencial para *"estos pueblos recién incorporados a Chile y su familia"* (Diario La Tribuna, 16 de marzo de 1889) Según el diario El Pueblo, (14 de marzo de 1889) este fue un regio banquete de cien cubiertos, que los *"grandes vecinos admiraron con frenesí al Presidente y prestaron toda la colaboración al Gobernador del Departamento"*.

60 En 1927 hubo una renovación bastante sustantiva: se optó por electrificar el convoy y para ello hubo que realizar una alta inversión en cuanto a tendidos

En la documentación del Estado y periódicos, usuales son los nombres de estos alóctonos y sus descendientes: A. B. Turpie, A. Buchaman, A. Datheil, A. J. Wastting, A. Pratricson, Alberto Terrel, Alfredo Hornsby, Alfredo Murley, Alfredo Ross, Alfredo Wood, Carlos Manley, Carlos Nicholls, Carlos Wall, Eduardo Lerch, Eduardo Matthews, Eduardo Owen, Enrique Terrel, Fear Endside, Guillermo Dunnn, Guillermo Lean, H.A. Ankey, H.D. Ellis, Hugo Knuckeys, J. Lapaya, J.H. Billyard, J.H. Taylor, Jonh Jonh, Juan James, R. Sherwood, Samuel Wodall, Tomas Phillips, W.H. Gowean, W.H. Smythe, M. Walden, etc.

El impacto de la presencia inglesa, además de la revolución mecánica para Tocopilla, tiene que ver también con la planificación urbana descontrolada, el fuero social, político y económico se dejó notar con prácticas que poco les importaba en cuanto al impacto que producían. Aquello se evidenció cuando la ciudad creció hacia el sur por la implementación del campamento estadounidense. La urbe se extendió hasta un límite impensado. Todo el nuevo flujo, tanto de los primeros vehículos, como de carretas o bien el tráfico a pie estaba obstruido por la compañía inglesa. "*Los ingleses no dejaban pasar…*" retrata una informante. En ese aspecto, el crecimiento y la ocupación de los espacios han sido prácticamente espontáneos y descontrolados. Al menos con las compañías The Chile Exploration y Anglo Chilena su crecimiento fue exacerbado y poco planificado, forjando que la intervención en los terrenos yermos fuese prácticamente funcional a sus intereses.

---

eléctricos y renovar completamente las locomotoras. Las nuevas máquinas fueron fundadas en el condado de Schenectady en el Estado de Nueva York, maquinarias especialmente elaboradas para el Ferrocarril de Tocopilla al Toco por la Compañía General Electric. El reemplazo de las antiguas maquinarias a vapor Kitson-Meyer fue relevante para cubrir el tramo entre el puerto y El Tigre, ideales y óptimas para superar la gran cuesta determinada por la Cordillera de la Costa.

Influía, además, una topografía estrecha. Sólo había un pequeño callejón que tenía que conectar "La Villa" y "El Pueblo". Se acrecentaba una fragmentación vial y social. Las esperas en aquel angostillo eran largas, al menos así lo constataban los primeros camiones de la compañía, las góndolas y los vehículos de tracción animal. Lo anterior fue configurando una percepción negativa de la ciudadanía ante la compañía de los británicos. La solución propuesta por ellos sólo se remitía a la contratación de señaleros y serenos para que tratasen de dirigir el tránsito. Se sumaba a estas dificultades el paso del ferrocarril por ese callejón.

La presión hacia la compañía, finalizando los años veinte, hizo que la gerencia de la compañía anglo, resolviera la edificación de una obra ingenieril de alto valor agregado y de alto costo monetario: la construcción de un puente, por el cual pasaría el tren recientemente electrificado (1927). El año 1929 marca el inicio de la construcción. Para ello se tendría que ampliar el "callejón" que llegaría a alrededor de los seis metros. Los ingenieros fueron los señores Stoot y Street, ambos ingleses. Una forma de seguir mejorado la planificación y la vialidad complejamente impuesta por la compañía, el municipio implementa el Paseo Sloman, teniendo un costo de $119.000. El Paseo Sloman enlazó la construcción de un muro de concreto de 60 metros, al mismo tiempo, se construyeron calzadas y aceras con soleras de piedra en seco[61], todo un progreso vial con mejoramiento estético del sector.

Paralelamente, la colectividad inglesa construye grandes casonas ubicadas en Calle Prat y Paseo Sloman, que además de poseer una ubicación privilegiada, buscaron en sus diseños un carácter de aislamiento para otorgar mayor seguridad para sus ocupantes: los directores y administradores. Las edificaciones fueron inauguradas

---

61 Archivo de la Gobernación de Tocopilla. Copia de actas de Obras Municipales, N° 121. Febrero 1930.

a inicios del siglo XX, eran el símbolo de la gran fisura social y económica existente en la comuna. Estas casas que poseían jardines, balcones, con una gran altura, estéticamente bien decoradas y pintadas, con césped, a modo de antejardín, con un mayor grado de salubridad, como así también en volumen, contrastaban con la pobreza de los barrios tocopillanos, dispuestos en terrenos maltrechos, no homogéneos, atiborrados con casuchas de material ligero y desperdicios de materiales emanados de las industrias, ya sea cartones, latones o planchones metálicos. Su materialidad, altura y estilo arquitectónico consolidó su paso por estas tierras.

Recién allegados al puerto tocopillano, los ingleses instituyeron la Iglesia Anglicana y fueron creando grupos cerrados para realizar tertulias. Entre ellas estuvo "The Tocopilla Reading Club" y "Tocopilla Library and Literary Society". Los pioneros en esta organización fueron Guillermo Fletcher, Guillemo Fraser, E. Shepherd, A. Murdoch, J. Anderson, T. Tervit, H. Mattews, D. Butterrield y Johan Foster.[62]

No quepa duda que el colectivo británico fue en el periodo postguerra el más poderoso, situación sostenida también por la gran cantidad de estos trabajadores. Su poder económico, empresarial, intervenía notablemente en la política local, en lo social, redundando en un alto nivel de influencia. Poseían el control de casi todas las actividades industriales, mineras y mercantiles en estos nuevos territorios chilenos. Se reflejaba muy bien el carácter imperial que Inglaterra imprimía en gran parte del mundo.

---

62 Archivo de la Gobernación, copia de Acta Constitutiva, 8 de octubre de 1895.

Con tal de velar por sus intereses económicos, los ingleses estaban dispuesto a matar. Así quedo en demostración el 6 mayo de 1892 en un conflicto entre la Anglo Chilean y trabajadores "enganchados".

> *"La llegada del vapor Puno con un gran enganche de trabajadores para la oficina salitrera Santa Isabel, distante a 89 kilómetros de la ciudad, fue el punto de partida de un levantamiento masivo originado porque el almuerzo ofrecido por la Compañía no había alcanzado para todos. A los que habían quedado sin ración se sumó más de un centenar de trabajadores que exigieron el cumplimiento de la promesa del agente reclutador o enganchador de pagarles $ 50 a cada uno de los casados y $ 25 a los solteros…".* [63]

De este modo comenzaba a surgir el descontento por los incumplimientos hechos por los ingleses en un escenario tristemente célebre: el *enganche* salitrero. El gerente de la compañía había rechazado todo tipo de peticiones. Ante ellos, los "enganchados" se amotinaron y bloquearon la línea férrea, paralizando todo tipo de faenas.

La intervención del Gobernador Pedro Benavides no logró hacer deponer la actitud a los sublevados. Los trabajadores estaban dispuesto a seguir bloqueando la línea férrea hasta obligar a la compañía salitrera a pagarles lo ofrecido una vez que el reclutador ratificara lo que ellos declaraban que les había sido prometido, a cambio de que aceptaran continuar el viaje hacia su puesto de trabajo. De todos modos, los jefes de la compañía Anglo Chilean

---

63 Arch. Nac. FMI, Vol. 1682. Comunicaciones con varias autoridades 1891-1892 Oficio del Gobernador de Tocopilla, N° 132, Tocopilla, mayo 13 de 1892.

habían ofrecido cinco pesos a cada obrero *enganchado* para dar término al levantamiento. Se hizo necesario la presencia de militares; no obstante, vista su demora, la Gobernación presionada por los ingleses solicitó la cooperación de bomberos para poder reducir a los amotinados. Entonces, la 1° Compañía de *Hachas y Escaleras* se hizo presente y fueron equipados por la Comandancia de Armas. También se armaron treinta hombres de la Empresa del Ferrocarril y la mayoría de los comerciantes junto con sus dependientes. La improvisada *Guardia Blanca* comenzó el patrullaje por el pueblo.

> *"La llegada de tropas y la presencia de un barco de guerra 'Presidente Errázuriz' en el puerto de Tocopilla lograron calmar los ímpetus de los trabajadores. Algunos persistieron en su rebeldía, pero ante la amenaza armada debieron escapar, unos cuantos en dirección del Río Loa, otros hacia el camino de Calama y la gran mayoría se dirigió a la pampa…".*[64]

Este hecho refleja el poderío e imperio de los ingleses que, en su fuero, movilizaron las fuerzas para acribillar a los trabajadores. Fue un levantamiento espontáneo, breve, violento y sin más conducción que la proporcionada por improvisados caudillos y lideres que surgían al calor de la acción. Por lo comprobado no apuntaron a ningún cambio substancial de las condiciones de trabajo o de las relaciones laborales. Pero quedaba en evidencia el claro desequilibro sospechoso de fuerzas entre el Estado chileno y los ingleses.

---

[64] Arch. Nac. FMI, Vol. 1682. Comunicaciones con varias autoridades 1891-1892 Oficio del Gobernador de Tocopilla, N° 132, Tocopilla, mayo 13 de 1892.

1.7. GRIEGOS

La inmigración numéricamente significativa de Griegos ocurre mayormente entre 1880 y 1924[65], período de sucesivas guerras en la región de los Balcanes y en Asia Menor, poblada durante milenios por los Helenos, arrolladoramente expulsados de allí por el movimiento nacionalista neoturco, acontecimientos a los que se agrega la crisis del comercio internacional de la Pasa, lo que afectó de sobremanera a la población agrícola del Peloponeso.

De los griegos que arribaron a Chile en ese período y los años subsiguientes, el núcleo mayoritario se radicó en Antofagasta, dedicándose a trabajar en la horticultura, algunas artesanías, como aguateros, en el comercio minorista y mayorista, en la industria panificadora y en la lechería, industria que en variadas ocasiones llegaron a monopolizar, por lo que ya en la década del veinte en esa ciudad se decía que *los Griegos nos dieron las verduras, el pan y la leche...* Desde esa capital de la provincia, algunos probaron suerte en la minería de la zona hasta Taltal, y otros se dispersaron por las salitreras, por ejemplo en Pampa Unión y los diversos centros urbanos del Norte Grande, tanto como en Arica, Tocopilla y Mejillones.

Una familia digna de mención fue la familia Brontis y su panadería "El Sol", caracterizada siempre por su colosal inmueble construido en el año 1927.[66] Su particularidad más destacada es el tallado de un sol helénico en las alturas que diseñan sus cornisas.

En el relato del psicomago tocopillano Alejandro Jodorowsky, se nos indica parte del escenario:

---

65 Tefarikis, 2007.

66 Construido por Ricardo Gho.

"…el inagotable nitrato de potasio, ideal para fabricar abonos y sobre todo explosivos, atrajo una multitud de emigrantes. En Tocopilla vivían italianos, ingleses, norteamericanos, chinos, yugoslavos, japoneses, griegos, españoles, alemanes. Cada etnia encerrada entre muros mentales altivos. Sin embargo, fragmentariamente, pude disfrutar de esas diferentes culturas. Los españoles aportaron a la biblioteca diminutos y mágicos cuentos de Calleja, los ingleses prodigaron tratados masónicos y rosacruces; Pampino Brontis, el panadero griego, para promover sus pasteles rellenos con mermelada de rosas, cada domingo por la mañana invitaba a los niños a venir a escuchar su traducción en verso de la Odisea." [67]

La familia Brontis durante los aciagos inicios de la década del 30, lideraba los reclamos realizados hacia el Estado por el control de precios y el encarecimiento de la harina. En noviembre de 1932, emana una carta dirigida al Presidente del Comisariato de Subsistencia Local, carta que conglomeraba a todos los dueños de las panaderías tales como, "El Cañón", "El Sol", "Espejo", "Dos Leones", "La Central", "La Cooperativa", "La Valparaíso", "Santa Elena" y "La Yugoslava", se explicaba que la baja producción del pan tenía como causa el alto precio de la harina, producto que en Tocopilla costaba entre $ 50 y $ 52 el quintal, producto que dos meses anteriores valía alrededor de $35. Se suma a lo anterior, el alto costo del agua, con el metro cúbico a un valor que bordeaba los $ 4.50, y lo oneroso de los combustibles. Todo esto contribuía a elaborar menos cantidad de pan y a elevar el precio, planteándose lo siguiente *"...aquí es muy barato, aquí cuesta $ 1,20 y aquello nos deja sólo perdidas por ello pedimos a que se nos autorice vender el pan a $ 1.60 el kilo"* [68], situación que fue negada, dando pie a una huelga de los panificadores, provocando varios problemas al

---

67 Jodorowsky, 2001: pág. 35.

68 Archivo de la Gobernación de Tocopilla, carta Asociación de Panaderos. 12 Noviembre de 1932

abastecimiento de pan en Tocopilla. Los griegos eran los lideres de la protesta.

El camino de la familia Nikiforos en Chile se inicia en Valparaíso, puerto al que llegó Stamatios Nikiforos; desde ahí, el patriarca se dirige a Tocopilla.

Urania Nikiforos, hija de Stamatios nos cuenta: *"Mi papa llegó en un barco, y se encontró con otros griegos que eran buenos para el juego de la brisca, se amanecían jugando en una zapatería. Era costumbre entre griegos que, cuando llegaba un barco con marinos griegos, se invitaban a comer a jugar, a compartir. Stamatios decidió quedarse en Tocopilla porque le gustó. Entonces, cuando el barco iba a partir, él se escondió. Estaban todos los griegos buscándolo, y el barco no podía partir. Después de dos días de búsqueda, el capitán del barco decidió partir. Una vez que el navío se fue, él recién pudo salir a la calle. Y ahí empezó a trabajar con los Brontis, juntó su plata y se independizó."*

Stamatios llegaba desde la pequeña isla de Ios, sus familiares en la isla estaban distribuidos entre comerciantes y soldados. Él también había sido soldado en la guerra greco-turca en el periodo 1919 hasta 1922. De este modo, se instala en el fulgente puerto tocopillano.

Familia Nikiforos

Mientras trabaja con sus paisanos en Tocopilla, se compró una carreta y luego un burro. Se tomó un terreno en La Manchuria. *"Cuando decía que vivía en la Manchuria, nos daba vergüenza en Antofagasta"* relata Uranía. Entonces, Stamatios hizo su casa y construyó un corral para burros, porque una de la primeras labores que desarrolló Nikiforos estuvieron relacionadas con el reparto de agua: se convirtió rápidamente en aguatero, recorriendo con los barriles cada uno de los sectores del inicial poblamiento denominado como La Manchuria. Poco a poco fue capitalizando sus recursos e implementa un pequeño local en donde instala un almacén para que trabajase su esposa, el comercio se llamó "La Chabelita".

Desde éste oficio, derivó a la pesca, minería y comercio. A Nikiforos se le atribuye el nombre de *Caleta Buena*, la ensenada existente al sur de Tocopilla, hoy convertido en un popular balneario. Aquella ensenada era uno de los lugares favoritos para desplegar sus botes.

Los recursos que se iban generando con el almacén "La Chabelita", dio pie a que se comprara un Ford A, lo que permitió recorrer la costa tocopillana, hallando en *Caleta Buena*, un lugar que recordaba su isla. *"Con sacos de papas se hizo una carpita, allá no iba nadie y no pasaba nada. Comenzó a tener más autos. Se hizo amigo de señores de Gatico para que fuesen a habitar Caleta Buena. Entre ellos un fabricante de bloques de cal, cerca de Gatico. Construyó una casa con mezcla de cemento que incluía huiro y quedó muy bien la casa, así fue ampliando (…) Poco a poco fue invitando amigos para ir a vivir a Caleta Buena, la familia Guerra, algunos alcaldes del Partido Radical, y una serie de amigos que tenían negocios en Tocopilla".* [69]

La vinculación con *Caleta Buena,* convierte a Nikiforos como el primer proveedor de pescado para Tocopilla, María Elena y Calama. Toda su extracción era guardaba en Soquimich, porque ahí había conserveras. Además de sus labores pesqueras, crió cerdos y destacó en el rubro minero, en especial en la mina *María Isabel.*

Sobre su anecdotario, su descendiente nos cuenta que era una rutina que en las afueras del hotel de los Brontis se juntaran los griegos a jugar brisca. A la hora de celebrar algunas festividades relacionada con Grecia, con la madre patria, se juntaban en las casas porque no tenían local propio como colonia.

Demetrio Choppelo, griego errante, calafate, pescador y marinero, llegó en los finales del siglo XIX, pero fallece en Antofagasta en 1907 por efectos de la peste bubónica. Algunos de sus hijos se quedaron en el norte de Chile: Mejillones. Otros se radican en Tocopilla, donde formaron sus familias.

---

69 Entrevista a Uranía Nikiforos. 24 de junio 2013.

Un caso de comerciante enriquecido gracias a las crisis del 29' fue Elías Stamataco. Había logrado una venta de carne, entre el 2 y 14 de abril de 1932, que alcanzó los 700 kilos, costándole al fisco $ 1.540. Carne destinada a la Olla del Pobre.

El rubro del comercio, fue el área laboral en cual se desenvolvieron los griegos en Tocopilla, por ejemplo: Juan Jusakos tuvo una panadería; Esteban Progulakis fue dueño de una lechería y posteriormente instalaría un restaurant en el sector de Caleta Boy. Jorge Progulakis tuvo un hotel. Marco Peris fue un destacado manicero en la década del 40. Constantino Tefarikis fue uno de los mayores distribuidores de mercaderías y abarrotes para Tocopilla y la pampa. Constantino Pantelakos se destacó por un almacén. Por su parte, Jorge Karamanos instaló una zapatería. Constantino Juanides instaló un hotel. Salvador Prinea apostó por un almacén y luego por una carnicería. Nicolás Andrónico invertiría su capital en una panadería.

Por su parte, la mayor lechería existente en Tocopilla es atribuida a los griegos, en especial Antonio Mavropulos, especializado también en la venta de afrechos, pasto, cebada y harina californiana.

Brontis y Mavropulos habían impulsado el negocio en 1924 con un capital, según La Prensa de Tocopilla, de 100.000.00. En sus establos conservaban 30 vacas holandesas y un toro reproductor. La venta de la leche era a domicilio y al pie de la vaca.

La inmigración griega ha sido en parte invisibilizada o bien, derechamente, menospreciada. Al menos así lo demuestra el cronista de Tocopilla Juan Collao Cerda (2001) quien, al hablar sobre los griegos acomete un acto poco digno de "historiador" al referirse sobre los helenos despectivamente, dando muestra de "racismo", clasismo y quizás de xenofobia. Por ejemplo nos dice que,

> *"Los griegos (...) no aparecen sus característicos apellidos registrados en los Casilleros de Correos ni en las nóminas de los suscriptores telefónicos, lo que indica la poca importancia social y económica...".*[70]

En primer lugar la identificación que realiza es por apellido, un elemento que no es del todo decidor sobre el origen étnico de las personas, a saber que los cruces y vínculos en Europa son constantes y milenarios, por ello no son "puros" en referencia a una geografía política. Además no considera que el Registro Civil "chilenizó" muchos apellidos extranjeros. En segundo lugar su elemento de inferencia es básico y mínimo porque, al no estar registrado en el correo radicaría su supuesta "poca importancia social". Queriendo decir que el correo o tener teléfono es un indicador de estatus, lo cual es bastante discutible. Cómo, entonces, definiría tener estatus?, quién lo construye? O quién lo define?. Hablar de "poca importancia social" deja en claro quienes son los "importantes" acaso serán los ingleses? Los norteamericanos?. Sólo porque tienen casilla en el correo o teléfono?. El "estatus" e "importancia social" de Collao estaría definido por dinero.

El desatino prosigue:

> *"efectivamente eran de escasa cultura, por lo general hijos de campesinos pobres y analfabetos que habitaban las islas de la península o modestos trabajadores de los puertos".*[71]

---

70 Collao, 2001: pág. 232.

71 Collao, 2001: pág. 232.

La *cultura* para Collao está definida, determinada y valorada por el carácter rural de los griegos inmigrados, por su analfabetismo y por la pobreza de los portuarios. Un pueblo no tiene ni más ni menos cultura porque no sabe "escribir", a saber que los dispositivos de la escritura y comunicación son múltiples y culturalmente diversos. En esa lógica, la "alta cultura" estaría en la ciudad, en el mundo urbano, y en los que no trabajan en los puertos, a saber de la tradición marítima del mundo griego. ¿No sabían escribir en español?

Clasificar a un grupo migrante por poseer *"poca importancia social"* o de *"escasa cultura"* además de desdeñar, invisibiliza una multiplicidad de fenómenos que conlleva la llegada de un grupo foráneo, obstruye la comprensión de la variedad de los procesos en la inserción laboral, cultural y social. Invisibiliza los elementos de conexión o de translocalidad con sus tierras de origen. Del cómo se vivió Grecia en Tocopilla con los hábitos y prácticas transfronterizas y transnacionales. Del cómo los griegos se inscribieron en Tocopilla y de cómo Tocopilla se inscribió y operó con los griegos. Una mirada sesgada, raciológica y clasificadora socialmente, ha entorpecido la mirada y la apreciación hacia los inmigrantes. En este caso de los provenientes desde Esmirna, Andros, de Cefalonia, Skopelos, desde Creta o El Pireo.

Griegos residentes en Tocopilla en una fiesta; entre ellos: Salvador Prinea, Jorge Progulakis, Urania Nikiforos, Juan Jusakos, Demetrio Kasimis.

Diógenes Brontis, Uranía Nikiforos y Sabas Prinea.

Las fiestas entre griegos y descendientes en Tocopilla fueron actividades muy usuales. Del mismo modo se celebraban fiestas cuando llegaban barcos mercantes con tripulantes griegos.

Celebración en Antofagasta de la anexión de Tracia y Esmirna a Grecia en 1920, fiesta en donde participaron numerosos griegos residentes en Tocopilla.

1.8. ESTADOUNIDENSES

El mineral de Chuquicamata remonta sus explotaciones en base al trabajo ejercido por la empresa *Guggenheim Bros*, proveniente desde los Estados Unidos; produciendo la primera barra de cobre fino el 18 de mayo del año 1915. No obstante, en Tocopilla la gran compañía ya marcaba sustantiva presencia, básicamente determinada con la generación de energía eléctrica destinada a la mina de cobre. Sólo el conflicto bélico mundial vivido en el mundo a la sazón, habría retrasado en cortos plazos la construcción de las instalaciones termoeléctricas.

Cuando The Chile Exploration se vino a instalar, la intención inicial era disponer del agónico puerto de Cobija.[72] Sin embargo, los vecinos tocopillanos reclamarían fuertemente a las autoridades para que no se autorizara la concesión a la compañía en el citado puerto, ya que traería un supuesto menoscabo económico a Tocopilla, se acrecentaría la emigración y se perdería la importancia en el concierto provincial. Otro argumento apuntaba a que Cobija, aniquilado por el maremoto de 1877, se convertiría en un verdadero "feudo gringo", letal para la soberanía chilena, tan en boga en aquella época de incorporación reciente de Tocopilla a Chile.

Cuando comenzaron a surgir las noticias en cuanto a que ésta compañía anclaría en Cobija, aumentó considerablemente la solicitud de los particulares para obtener una concesión. Por su parte, las autoridades presionaron a los inversionistas instalándose definitivamente en Tocopilla. Entre los férreos oponentes estuvo

---

72 El antiguo puerto de Cobija había sido diezmado por los terremotos y maremotos de 1868 y 1877. En 1878 hubo grandes pestes que siguieron disminuyendo la población. En 1879 vino la guerra que generó un despoblamiento integral.

el diputado Lindorfo Alarcón y el médico Víctor Alzérreca, quienes realizaron gestiones de alto nivel para evitar el emplazamiento de la compañía en el otrora puerto boliviano.

Esta planta se denominaría la *Coast Plant.* Una vez que estuvo claro que el gobierno chileno no veía con buenos ojos la instalación en Cobija, la compañía hizo las adquisiciones en Tocopilla protegiendo esos terrenos del sector Algodonales con pertenencias mineras, procedimiento usual en estos casos. Los terrenos fueron adquiridos a la Compañía Salitrera H. B. Sloman y Cía. en marzo de 1914. El 28 de marzo de 1914, la Intendencia de Antofagasta, a través del Sub Secretario del Ministerio del Interior, informa del decreto que autorizaba la instalación de la planta.

> *"…apruébese el proyecto presentado por el señor James Walmsley, por los señores Duncan Fox y Compañía, representantes de The Chile Exploration Company para instalar planta eléctrica en Tocopilla, para transmitir energía de alta tensión a Chuquicamata, con conformidad al plano y memoria explicativa que quedan archivados en la oficina técnica de acuerdo a la Ley N°1665 del 4 de agosto de 1904 sobre permiso de instalaciones eléctricas. Decreto reglamentario de la misma ley N° 4896 de 14 de diciembre del mismo años y decreto N ° 749 del 6 de marzo de 1911, en su caso sobre existencia de líneas eléctricas aéreas en una misma calle o recinto. 2°: sin perjuicio de los derechos de terceros, autorizárseles para ocupar por el término de diez años contados desde la fecha en que se de principio a la explotación de las obras los bienes fiscales y nacionales de uso público que fueren necesarios para la instalación del servicio. 3°: los trabajos deberán iniciarse en el plazo de seis meses (…) autorizase al Gobernador de Tocopilla para que en representación del Fisco*

firme la escritura pública a que deberá reducirse el presente decreto. Barros Luco, Rafael Orregos, Julio Fabres".[73]

En el mismo mes, se instalaron las cuatro primeras unidades que significarían el montaje de dieciséis calderas de 600 caballos de fuerza y cuatro turbinas que producirían cuarenta mil kilovatios. Las instalaciones fueron construidas por la Casa Siemens-Schuckert.

En el año 1915 la compañía norteamericana funcionaba con diez calderas Babcok abastecidas con tubos para agua para que, de este modo, se produjera vapor saturado a 215 libras, el cual al ser sobrecalentado obtenía a una temperatura de 525 Fahrenheit. Desde todas estas instalaciones se inició un sistema de postación que atravesaba toda la Cordillera de la Costa luego la Depresión Intermedia hasta llegar a Chuquicamata, situada a 140 kilómetros y a una altura de 2.760 metros sobre el nivel del mar. Desde la costa se iniciaba esa larga fila de altas torres transportadoras.[74]

"la energía total que en forma de corriente trifásica a 100.000 voltios llega de Tocopilla, es transformada a 5.000 voltios y convertida a continuación la mayor parte de ella en corriente continua de un promedio de 235 voltios, mientras que el resto sufre una segunda transformación a 500 voltios en la misma estación y auxiliada con estación auxiliar distante a 400 metros de la principal (...) *los tres conductores existente en cada torre de alta tensión van dispuesto en un plano horizontal a una*

---

[73] Arch. Gobernación de Tocopilla. Decreto N° 457, 28 de marzo de 1914. Intendencia de Antofagasta, a través del Sub Secretario del Ministerio del Interior.

[74] El sistema de postación proyecto a que cada torre esté separada por 200 metros por término medio, en algunos sectores, especialmente en la Cordillera de la Costa, hubo excepciones que hicieron que la separación fuese de 400 metros.

distancia de 3,95 metros uno de otro y tendido de tal suerte que el apoyo de suspensión de las cadenas viene a estar a una altura de 13, 3 metros sobre el suelo". [75]

Ya en 1916 los estadounidenses hicieron que la planta de Tocopilla se constituyera en una de las más modernas del mundo y en una de las primeras en transmitir energía eléctrica a tan alta tensión. En esa misma fecha poseía una potencia mayor en referencia a las empresas que en el futuro formarían Chilectra, las que abastecían a Santiago y Valparaíso. Luego, en 1918 la gran compañía norteamericana inauguró calderas pero con una potencia de 1350 caballos de fuerza. De la misma forma se agregó un turbo generador de 10.000 kilovatios en conjunto con un vaporizador con capacidad para estilar alrededor de diez toneladas de agua.[76]

El segundo cuerpo de la planta de baja presión fue instalada en 1926. [77] Las instalaciones de toda la compañía en la Bahía Algodonales consistían de dos grandes edificios independientes entre sí, uno de los cuales contenía todo lo referido a transformadores y aparatos de proyectar de alta tensión y en el otro gran edificio se poseía todo referido a las calderas, a los turbogeneradores, a los cuadros de distribución y artefactos de

---

[75] Martínez Rodríguez, Gerardo, en "*Orígenes y desarrollo de Chuquicamata bajo la Chile Exploration Company*" 1943. Pág. 214.

[76] En la década del veinte, la compañía solicita permisos para instalar una cañería flotante movible para facilitar la descarga de petróleo. Cañerías flotantes mediante tambores de aceite vacío. Posteriormente serían reemplazadas por cañerías sub marinas.

[77] En aquella época se montaron seis calderas que producían un vapor saturado de 200 a 215 libras sobrecalentando a 550 Fahrenheit. Esas calderas habían sido diseñadas y montadas para activar una potencia de 1.403 EPB, las cuales poseían tubos inclinados, alcanzando a once los quemadores de cada caldera, engendrando una presión en colector horizontal de 225 libras por pulgada cuadrada.

baja presión. También se disponían de otras instalaciones para oficinas, laboratorios y talleres mecánicos.[78]

Según Gerardo Martínez, Tocopilla y la planta eléctrica "*con su capacidad ampliada en la década del treinta, superaba la potencia de Electric Power, que abastecía de electricidad a Washington D.C. De la energía entregada por la planta de Tocopilla, entre un 75 % y 85 % eran destinadas al proceso electrolito*".[79]

Desde allí, hasta 1938 es denominada como "Planta de Baja Presión", desde sus originales cuatro turbogeneradores hasta la Unidad 8. A partir de 1959 se ponen en servicio tres unidades a petróleo pesado, sucediéndose el desarrollo de la generación a carbón, con cuatro unidades, sumándose a ellas el servicio de tres turbinas a gas, como respaldo. La presencia de norteamericanos en Tocopilla, presionó a que el puerto fuese resguardado en el transcurso de la II Guerra Mundial a través del Grupo de Comando de Defensa de la Costa en 1942.

---

78 *"Contiguo a la sala de calderas, se encuentra la parte del edificio destinado a los servicios auxiliares compuesta de una sola nave y con una extensión de 7 por 42 metros. En su obra húbose de emplear fuertes construcciones de hierro para ir instalando en su piso superior cinco depósitos de hierro de un contenido total de 600 metros cúbicos, para almacenar agua de mar, agua dulce y petróleo para la combustión. En esta parte del edificio se hicieron también considerables excavaciones a causa de que las bombas de refrigeración para los condensadores de las turbinas aquí montadas debían estar a una altura de 2,45metros por encima del nivel del mar, siendo así que el piso exterior colindante se encontraba a 9,6 metros más alto que el nivel referido".* En "La Riqueza minera de Chile". Santiago: [s.n.], 1921-1933. 12 v., n° 96, (oct. 1930), págs. 207-217

79 Martínez, 1943: pág. 215.

Arriba: La Colonia Americana, la fiel expresión del *company town*. Al centro: Administradores e ingenieros de The Chile Company. Abajo: Familia Peterson, 1928.

Estadounidenses empleados de The Chile Exploration y sus familias después de un partido de beisbol. Partidos solamente jugados entre ellos, en algunas ocasiones invitaban a japoneses residentes en Iquique. El carácter endógeno se expresa en las relaciones sociales, en lo deportivo, en la ocupación y residencia en el territorio local e igualmente en lo laboral debido a la alta tecnificación requerida para ser funcionario de la termoeléctrica.

En su aporte a la comunidad, los norteamericanos implementaron la primera playa artificial de Tocopilla, creada en los años 40, era alcalde Víctor Contreras Tapia. A través del municipio, se gestionaron los recursos y materiales con el gerente de la termoeléctrica The Chile Exploration Company, el estadounidense conocido como *Míster Boynton*. El sector sur, Villa Covadonga, era habitado por los trabajadores y empleados de dicha compañía, ellos se regían por un sistema urbano organizacional muy al estilo norteamericano, frente a ello el lenguaje no escapó, y la playa comenzó a ser llamada como "Caleta Boy".

Víctor Contreras Tapia (1981), nos cuenta en su libro que, "*Al Sur de la ciudad había un roquerío apropiado para construir una piscina, que tanta falta hacía. Con Augusto Bravo, ayudante del Director de Obras, nos trasladamos hacia el lugar indicado donde planteé mis proposiciones. Estuvo de acuerdo con mis ideas y de inmediato en el Departamento de Obras se dedicaron a hacer los planos, pero... ¿y la plata?. Lo haremos por administración, pensé. Y la solución será míster Boynton. Me dio de inmediato la entrevista que le solicité y le invité a que me acompañara al lugar donde pensábamos realizar la obra, que quedaba frente al campamento de los obreros de la Chilex. Le expliqué el proyecto y le pedí su opinión"*. La idea era reemplazar la piscina de los Baños Municipales, la que estaba "*al lado de donde botan las aguas servidas de la Compañía Minera y la gente no puede bañarse en ese lugar"*. Luego detalla *"Comenzamos la obra. El "desrocamiento" nos demoró mucho. Luego hicimos el muro de contención de las aguas, instalamos válvulas para secarla, ya que la piscina se llenaba con la marea alta."*. Hoy, esos mismos muros yacen imperturbables frente al paso de los años y a la agresión constante del oleaje.

Con el arribo de la empresa norteamericana The Chile Exploration Company, la ciudad se adentra en un transcurso de apogeo y de expansión de la ciudad hacia el sector sur siguiendo la línea marcada por la estrecha planicie costera. Se inicia, en el primer lustro de la década del veinte, la implementación de *village workers* o los campamentos para obreros y empleados en lo que conoceremos como la Villa Covadonga y la Villa Americana. Estos campamentos eran verdaderas ciudades tanto por su extensión como por su aspecto; una estética y un diseño uniforme. El sello americano estuvo en sus calles espaciosas en terrenos llanos y homogéneos, con una *Casa de Refrigeración* –conocida como pulpería- un pequeño hospital, iglesia, sedes de clubes, estadios, cachas de futbol, beisbol y tenis, y con un extenso, además de bien distribuido sistema de electrificación.

Muchas de estas casas eran de cemento armado y las piezas estaban entabladas con un sistema de aislamiento contra el calor y el frio, con patios cercados. Existían las casas llamadas *"Tipo C"*, que eran para empleados y capataces, cuyas construcciones eran más fastuosas, amplias y con baño propio y no común como el resto del campamento. Por su parte, los hijos de los norteamericanos, acudían a una escuela particular: "La Escuela Americana".

La diferenciación urbana, que pasaba también por lo socioeconómico y al gran contraste a su vez en la calidad de vida, hizo que la ciudad tuviera una fragmentación, siendo el Puente del Ferrocarril anglo el catalizador de esa división. Al norte del puente estaba el llamado "Pueblo" y al sur del mismo, la "Villa". Al norte los no vinculados con la termoeléctrica y al sur del puente, los trabajadores de la central generadora.

Desde el punto de vista laboral, sus trabajadores formaron un gran sindicato fundado el 3 de septiembre de 1933. El personal de la Chilex estaba categorizado en los clásicos roles: obreros, empleados y Gold Roll o *rol oro*, o sea, quienes tenían su sueldo pagado en dólares. Desde el comienzo de la producción de la *Chilex* había existido actividades de tipo reivindicativo, pero a partir de 1930 se organizan sindicatos en base a la legislación de 1924.[80]

A modo de ejemplo de este grupo inmigrante, podemos citar el caso de Eric Peterson, graduado en el Instituto Stevens, de profesión Ingeniero Naval, además de veterano de la Primera Guerra Mundial, empezó a trabajar en Tocopilla por la compañía Anaconda Copper Mining en 1925. Este caso nos da cuenta de una inmigración de especialistas y técnicos que llegaba a Tocopilla por periodos fijos o definidos. Muchos de los norteamericanos especializados en algún área de la ingeniería, llegaban con sus esposas y familias, elemento que no facilitó la descendencia en la ciudad. Transformándose así en un colectivo aislado o endógeno, no combinado con chilenos.

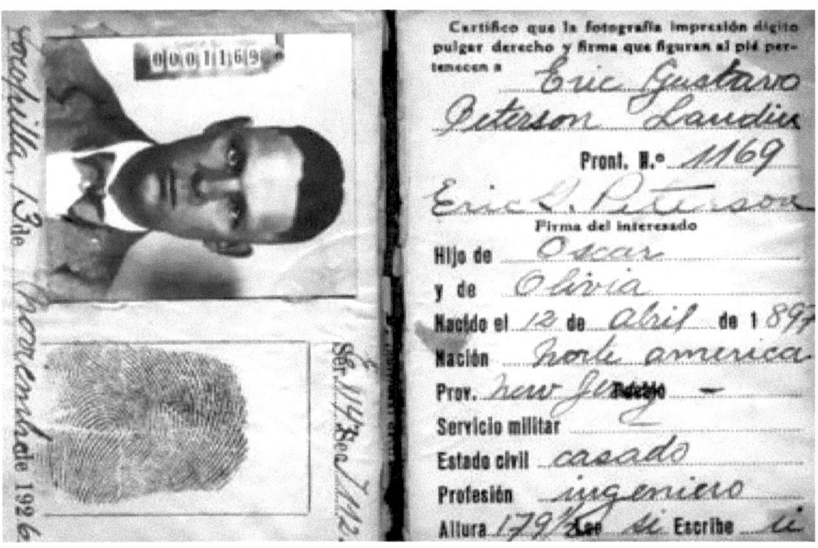

0001169

Tocopilla, 13 de Noviembre de 1926

Certifico que la fotografía impresión digito pulgar derecho y firma que figuran al pié pertenecen a Eric Gustavo Peterson Laudien

Pront. N.° 1169

Eric G. Peterson

Firma del interesado

Hijo de Oscar

y de Olivia

Nacido el 12 de abril de 1897

Nación Norte america

Prov. New Jersey

Servicio militar

Estado civil casado

Profesión ingeniero

Altura 179½ Lee si Escribe si

80 En 1930, nacen los sindicatos de obreros, de la mina y de la planta. En 1933 se conforma el Sindicato Industrial de Tocopilla. Los sindicatos de empleados se constituyen en Chuquicamata en 1931, en Tocopilla en 1941, y en Antofagasta 1952.

Con la llegada de The Chile Exploration Company, llegan también los primeros vehículos a Tocopilla, especialmente en la década del 20, siendo los autos más codiciados los del modelo Ford T, del que se vendieron más de 15 millones en todo el mundo, y que ha sido considerado "El Coche del Siglo". En las gráficas se exponen los autos pertenecientes a los norteamericanos administradores de la gran fortuna invertida en Tocopilla por los hermanos Guggenheim. En una de ellas es posible ver el año -1925- y el número de su patente en Tocopilla: N° 5. Vehículos que eran la mayor expresión de lujo y constituían todo un espectáculo público al verlos transitar por las polvorientas calles de Tocopilla.

La ocupación de la península de Algodonales y el poblamiento en el sector sur de Tocopilla, originando la Villa Covadonga.

La pesca de albacoras y los acostumbrados paseos dominicales por playas y muelles por parte de los estadounidenses.

1.9. ESPAÑOLES

Aproximadamente a 60 kilómetros al sur de Tocopilla, nos encontramos con antiguos vestigios de lo que fue un potente puerto minero que, lamentablemente, tuvo su ocaso por motivos económicos y, por sobre todo, por fenómenos naturales, provocando la despoblación. Hablamos de Gatico.[81]

Una vez acaecido el terremoto y tsunami de 1877, evidentemente que el puerto más afectado fue Cobija, por su condición de península, por tal razón, se inició la decadencia total de Cobija, o Puerto Lamar, y gran parte de la población pobló lo que sería Gatico, lo cual también se incrementó cuando se inició la Guerra del Pacifico en 1879. Gatico, bajo la jurisdicción chilena, se transforma en un pequeño municipio que duró hasta 1927[82], desde allí sólo funcionaria una Subdelegación Municipal.

---

81 Los antecedentes mineros de Gatico se remontan a 1832, fecha en que el gobierno boliviano otorga la concesión de los minerales de Gatico, considerados los más ricos de esta región, a una sociedad compuesta por Dámaso Uriburu, con sede en Valparaíso, a otra sociedad perteneciente a Gregorio Beeche, sede Potosí, y el señor Zamudio de Cobija. El Mariscal Santa Cruz, al parecer, formaba parte de esta sociedad y se ocultaba bajo el nombre de su sobrino, José Peña. Éstas minas, junto a las de Copaca, Tres Cerros y Mamiña, fueron abandonadas después de la invasión peruana a Cobija. Años más tarde su explotación parece restablecida, pues en 1840 se exportan 8.488 quintales de cobre de Cobija. Según Arce (1930) en 1857, partió una expedición minera a cargo de los hermanos Latrille y un ciudadano francés de apellido Meunier quien ya figuraba como dueño de las minas Toldo o Santo Domingo y la mina Meunier. Este mismo cronista afirma que en Gatico "*...las poblaciones mineras de Punta Blanca y Gatico, se reportaron más de 200 muertos por la salida de mar de 1877, derrumbes de cerros y minas que se sentaron*". Arce, 1930: pág. 357.

82 La disolución de la Municipalidad de Gatico fue orden del Presidente Carlos Ibáñez, disolviendo al mismo en tiempo en Tocopilla, en agosto de 1927 a través del Decreto Supremo N° 5.526, la Junta de Vecinos. Nombrando como Alcalde a Francisco Choloux (dueño de la farmacia "Chile" *Drug Store*) y

De todos modos cabe decir que la prosperidad de Gatico estuvo en los inicios del siglo XX, cuando los ciudadanos españoles, miembros de la Sociedad Artola, se hicieron cargo de la explotación del conglomerado de minas en el sector de Gatico, siendo la mina mayor llamada *La Toldo*.

Desde allí, el impulso de este puerto fue mayúsculo y veloz, llegando a poseer una población que bordeaba las cuatro mil personas. La impronta de los hermanos Artola se reflejaría en el nombre de la principal avenida, que, según los antiguos gatiqueños, la avenida más larga de Chile sería la llamada "Avenida Artola".

Gatico en pleno apogeo en manos de empresario españoles. En la gráfica, la celebración del Centenario de Chile.

---

como vocales a los señores Máximo Venegas, Aníbal Morales y Máximo Pérez. Los funcionarios municipales de Gatico fueron trasladados al municipio tocopillano.

El resurgimiento del pueblo, de manos de los funcionarios españoles, impulsó la creación de un par de periódicos que informaban sobre el pueblo y de la metrópolis: su vecino Tocopilla. Este puerto contaba con dos muelles y una fundición vinculada a los muelles por medio de un ferrocarril. Tal fue el pináculo que consiguió el centro minero que, en las primeras décadas del siglo XX, ya contaba con correo, aduana, resguardo marítimo, cantinas, policía, pulpería, teatro, iglesia, botica, hoteles, escuelas, restaurantes y muchos almacenes.

La casona principal del pueblo, símbolo de lo que fue el complejo en su época de esplendor, se mantiene en pie y su estructura ha resistido por lo menos cinco terremotos. Dicho chalet construido en 1914 por el gerente Thomas Peddar "*uno de los activos gerentes que estuvieron a cargo de la empresa*".[83] Este inmueble reflejó y simbolizó el renacer de un pueblo diezmado por los sucesivos problemas económicos.

---

83 Collao, 2001.

Futbol Club de Gatico compuesto por obreros y empleados del puerto y campamento minero impulsado por españoles.

Orfeón de Gatico, compuesto por los hijos de los obreros y empleados en la segunda década del siglo XX.

Gatico tuvo su proceso de ocaso por el aluvión de 1912, del cual se pudo reparar, pero las marejadas descomunales que azotaron al pueblo en 1922 imprimieron nuevamente la tónica de la destrucción. Además de la crisis económica de 1921. Luego, la debacle mercantil de 1932 y el aluvión de 1940.

En la relación infatigable entre Tocopilla y Gatico, los peninsulares instituyeron la Sociedad Española de Beneficencia, organización filantrópica que fue fundada el 20 de septiembre de 1894. Su primer directorio estuvo compuesto por el Presidente Melitón Casacubierta; su vicepresidente, Antonio Fernández y su secretario, Julio Yubero. Tesorero Celestino Giménez. Los requisitos para integrarla hablaban de *"buena conducta y antecedentes honorables..."* [84] dejándose de lado la política y la religión en las reuniones.

Con el correr de los años, es evidente que esta institución se transformó en una de las más vetustas de este puerto sin modificar sus estructuras, ni reglamentos y se caracterizaron por la frecuencia de reuniones.

Ellos, los hispanos, en carácter que expresa transnacionalidad, buscaban vivir España en Tocopilla, por ello además de mantener su sonsonete, querían mantener sus tradiciones, sus costumbres, su folklore, música, bailes y canciones, su forma de ser e incluso su gastronomía. No obstante, la gran mayoría contrajo matrimonio con hijas de este puerto e iniciaron la trayectoria de conocidas y recordadas familias. Años más tarde, otros tantos peninsulares, motivados por el ejemplo de sus familiares y amigos, también emprendieron la aventura de dejar su patria e iniciar una nueva vida en el norte de Chile.

---

84 Collao, 2001.

Usualmente, la participación en este grupo era de profesionales liberales y autónomos, empresarios y comerciantes. Casi todos de buen pasar económico. Entre otras labores que realizaban, estaba la de prestar apoyo a los consulados. Pero su obra más valorada por la comunidad fue la creación de la 4° Compañía de Bomberos en 1895. No obstante, su reglamento explicitaba que, para ser parte de la compañía el requisito fundamental era ser español de nacimiento o bien, ser hijo de español. Esta situación se mantuvo hasta 1931 cuando se vio lo inviable de aquella regla. En esa fecha, la compañía pasa a ser denominada "Patria y Trabajo"

La presencia de españoles se acentúa en la segunda mitad de la década del treinta. En especial por los españoles que huyeron de la sangrienta guerra civil, quienes hallaron en Tocopilla el cobijo.

Por ejemplo, seis familias de pescadores llegaron por gestiones del Comité Chileno de Ayuda a los Refugiados Españoles, auxiliados además por la Municipalidad de Tocopilla en tiempos de Víctor Contreras Tapia (1938-45). Los refugiados, una vez llegados a Tocopilla, se radicarían en Gatico gracias a las diligencias del Alcalde ante la Compañía Minera de Gatico que les proporcionó habitaciones. Asimismo, por acuerdo de los regidores la municipalidad proporcionó las herramientas para comenzar sus trabajos y los víveres necesarios para mantenerse en las primeras semanas. La admiración y gusto por los inmigrantes europeos por parte de las autoridades, se retrataba en La Prensa de Tocopilla. *"Como se presume que el trabajo de estos hombres, que difiere del trabajo de nuestros pescadores, traerá para Tocopilla una época de abundancia de pescado, la Municipalidad había pensado en obtener del Instituto de Fomento Minero la instalación de una cámara frigorífica para guardar allí el pescado y poder enviar, de acuerdo con las necesidades del consumo a la pampa y otros puntos de la provincia".*[85] La cita anterior refleja en gran medida lo

85 La Prensa de Tocopilla, martes 7 de noviembre de 1939.

evidenciado en varios testimonios, en cuanto a que, aparentemente, lo europeo se conecta con el trabajo arduo, responsable, que supuestamente, supera a lo que el hombre tocopillano podía entregar. No era más que la expresión de ese imaginario social de "superioridad" indicada hacia lo europeo.

"La Comparsita" y su publicidad en La Prensa de Tocopilla durante la década del 50.

Varios españoles fueron destacados en el comercio local. Entre ellos el español dueño del restaurant "La Cumparsita" de José Rodríguez o "La Estrella de Chile" de la familia Arias. Está también el caso del comerciante Jesús Monzoncillo, español que instaló a principios de siglo una Casa de Prestamos llamada "La Confianza". Más adelante instalaría la tienda "Casa Española", que también tendría una orientación hacia el empeño de mercaderías. También vendía joyas y confeccionaba trajes. La casa "La Paloma" y "El Sol" también perteneció a socios ibéricos, los Sres. Val y Álvarez; vendían sombreros, trajes, zapatos y algunos juguetes. "La Casa Española" siempre en calle 21 de Mayo, expedía mercaderías, zapatos, ropa, adornos caseros y sombreros. "La Mina de Oro" en 21 de Mayo con Aníbal Pinto, su dueño fue José Martínez, también siguió la tónica de sus connacionales: zapatos, ropa, trajes, sombreros, etc.

Se contó con el "Hotel Español" en calle San Martin, con la residencial "La Española" ubicada en calle Prat Nº 1224. Recordado es José Iñesta, propietario de la radio "Covadonga", más conocida como la radio "Iñesta", radio que se conservó gracias a un gran esfuerzo económico. A través de la radio "Iñesta" se incentivaron las inquietudes artísticas y culturales del puerto. Fue el primer agente de la Línea Aérea Nacional, la cual funcionaba con el aeródromo de Barriles, y además ayudaría a la fundación del Club Aéreo de Tocopilla. Hubo algunos sastres, entre ellos el peninsular Francisco Barrio Palenciano, quien tuvo su lugar de trabajo en la calle 21 de Mayo esquina Sargento Aldea.

"La Paloma" de los socios ibéricos Val y Álvarez.

1.10. LOCALIDAD DESBORDADA

En estos territorios englobados actualmente en el Norte Grande chileno –incorporados a la nación a finales del siglo XIX después de los conflictos bélicos con los vecinos Bolivia y Perú– los habitantes nativos se transformaron en "extranjeros" para el Estado chileno. Se convirtieron en "los otros" para Chile. Ante ello, en el proceso de "chilenización" que en la práctica significó una transformación cultural profunda expresada en el cambio de nombre de las calles, la implementación de una nueva escuela pública, una nueva iglesia y la presencia del ejército, muchos *ex bolivianos* tuvieron que huir. Por ello, hablar de migración en el norte de Chile es un concepto que debe ser revisado, o deconstruido al menos cuando hablamos de los peruanos y bolivianos. Porque una línea imaginaria impuesta con sangre derramada no modifica las prácticas y las relaciones culturales entre fronteras.

El año 1907 fue el que marcó el mayor número de inmigrantes[86], alcanzando 4,2% de la población total. Para el Departamento de Tocopilla se consignan a 266 peruanos y 511 bolivianos. En contraparte, en el mismo censo el guarismo referido a inmigrantes europeos es 755, cifras significativas en una población total que accedía a los 15.861 habitantes. No debemos olvidar que, a principios de siglo y hasta alrededor de la década del veinte, el hostigamiento hacia los peruanos y bolivianos por parte de las Ligas Patrióticas fue excelso. Estos grupos eran caracterizados por su xenofobia, racismo y nacionalismo que, reunidos a modo de paramilitarismo pandillezco amparados en el matonaje, se dedicaron básicamente a acosar y maltratar a peruanos y bolivianos

86 Censo de la República de Chile, realizado el 28 de noviembre de 1907, Imprenta Universo, 1908.

residentes en el norte de Chile[87]. Por su parte, el censo[88] de 1920, la población inmigrante nacional desciende a 120.436 representando alrededor del 3%.

Para citar sólo algunos de los datos estadísticos de los grupos que estudiamos, en base a los censos de 1907, 1920 y 1930, el panorama en Tocopilla es el siguiente:

Nacionalidad	**1907**	**1920**	**1930**
Chinos	22	44	110
EEUU	21	76	53
Griegos	0	9	61
Italianos	100	90	63
Yugoslavos	96	64	83
Españoles	108	155	108
Ingleses	284	143	180

Tabla 1. Guarismos por nacionalidades según censos de 1907, 1920 y 1930.

Simultáneamente, todo este escenario de carácter multinacional acontecido en Tocopilla, en donde cada una de las colonias de inmigrantes europeos se encapsularon en sus actividades, fue la expresión de una ciudad fragmentada. Los tocopillanos convivieron con una brecha cultural y económica que los distanciaba. Un ejemplo de ello es el desarrollo del beisbol, deporte importado por los estadounidenses, quienes jugaban solamente con japoneses residentes en Iquique. La marginación de estos campeonatos era evidente: a los niños locales sólo les quedaba contemplar estos eventos desde los cerros circundantes.[89]

87 González, et al: 1993.

88 Censo de población de la República de Chile, realizado el 15 de diciembre de 1920, Imprenta Universo, 1925.

89 Barrera, entrevista 2007.

El tradicional partido de beisbol norteamericano de cada domingo en los eriazos terrenos del sur de la ciudad.

Es innegable que los grupos migrantes son más variados de lo que hemos expuesto aquí, en la medida en que centramos nuestra argumentación en algunos de los colectivos migratorios en Tocopilla. Entre otros colectivos, estaban alemanes vinculados a las salitreras y sus tranques, como por ejemplo la figura de H. B. Sloman el líder hidroeléctrico en la cuenca del rio Loa. Estaban también los ukranianos con sus paqueterías, como la familia Jodorowsky. Japoneses y sus peluquerías, como los Sato, Nakamine, Kubota, Nayashi. Sin olvidar a los franceses que vincularon Tocopilla con el capitalismo mercantil europeo en el siglo XIX, como los hermanos Latrille.

En este escenario, los tocopillanos fueron testigos de una inmigración que generó una acumulación financiera inédita en la ciudad. La tecnología casera, el acceso a los automóviles, la arquitectura monumental, los mejores juguetes, la adquisición de productos alimenticios exclusivos, la conservación de frutas y hortalizas en grandes refrigeradores durante todo el año, las actividades de ocio, las fatuas fiestas, las vestimentas importadas, los viajes de vacaciones. En fin, muchos elementos que marcaron una gran diferencia entre el tocopillano, marcado por su *morenidad*, y el europeo de gustos ostentosos, a su vez diferenciador fenotípico con el autóctono.[90] Acaso, ¿los tocopillanos se sintieron discriminados o desplazados en su propio espacio? Estos inmigrantes se transformarían en el transcurso de su estancia en empleadores de muchos tocopillanos, desbordándose la misma localidad. Transformándose en la elite local, vinculada a la política, comercio y empresariado.

"Casa Francesa", la antecesora del almacén "Porvenir".

90 Cuando hablamos de la diferenciación fenotípica entre migrante y autóctono, hablamos de la consecuencia de un imaginario basado en la supuesta superioridad del europeo. Básicamente determinada por el *color blanco*. Contribuía en ello el proceso de chilenización, que intentó despreciar la figura del nativo, del nuevo nortino, además de las teorías evolucionistas y positivistas. Ese mismo imaginario, era eurocéntrico, y contemplaba a Europa como cuna de la civilización y desarrollo. Aquello dio paso a una estratificación social muy marcada en la ciudad: hacia el sur vivían los norteamericanos, al norte de la ciudad, estaba "el pueblo" o "el rotaje"(Galaz-Mandakovic, 2011).

CASA UKRANIA

Saluda a su distinguida clientela y muy en especial a todos los chilenos desde Arica a Magallanes

TIENDA Y PAQUETERIA - PRECIOS CONVENIENTES

Ramón Young — Tocopilla

La famosa Casa Ukrania perteneció a Jaime Jodorowsky, una vez que abandonó Tocopilla en 1939, se la vendió al ciudadano chino Ramon Young.

Si quiere Comprar las cosas que necesita a Precios Bajísimos

Y QUE LA PLATA LE ALCANCE Y SOBRE

COMPRE EN EL

Almacen Porvenir

21 de Mayo esquina Serrano

El Almacen que tiene más surtido y que vende más barato

NICOLAS BAKULIC

Diario El Proletario en enero de 1933, publicidad sobre el almacén "Porvenir", en ese momento su dueño era Nicolás Bakulic de origen croata, almacén que luego fue adquirido por Pedro Sore. Antes de llamarse "Porvenir", llevó por nombre "Casa Francesa".

ALMACEN

Yugoslavia

21 de Mayo esq. Sargento Aldea
OFRECE AL PUBLICO
Los articulos mas surtido y Barato
BODEGA de LICORES Nacionales y Extranjeros
Gran surtido de Bebidas Refrescantes

Gorge Banusic

Diario El Proletario en enero de 1933, publicidad del almacén de Gorge Banusic.

Schopp Antofagasta, cantina muy concurrida después de todas las peleas de box en el Teatro Nacional. En ésta cantina se comentaban las peleas y se realizaban las apuestas para las próximas disputas. El dueño de esta taberna era Willy Borchers, de origen alemán, quien ofrecía para su clientela "*...cerveza blanca y negra como así también los ricos Sándwich Calientes*" toda una atracción en los inicios de la década del treinta.

Arturo Chau Ly

PROVEEDOR DE GANADO EN TOCOPILLA Y EN LOS PUESTOS DE LAS OFICINAS SALITRERAS DE: MARIA ELENA, PEDRO DE VALDIVIA, FRANCISCO VERGARA Y COYA SUR

CARNE DE NOVILLOS DE PRIMERA CLASE—ENTREGA A VAPORES

VENTAS POR MAYOR Y MENOR

PUESTOS EN DIFERENTES LOCALES DE LA CIUDAD

ORDENES — TELEFONO 103 — TOCOPILLA

Grandes Almacenes DEL LAGO

LA CASA MAS ANTIGUA DEL DEPARTAMENTO

Ventas por Mayor y Menor

SALUDA A SU DISTINGUIDA CLIENTELA EN EL DIA DE AÑO NUEVO AGRADECIENDO LA COOPERACION QUE SIEMPRE LE DISPENSO OFRECIENDO PARA 1940 SUS SECCIONES DE:

TIENDA

FRUTOS DEL PAIS

ARTICULOS ELECTRICOS

RADIOS GENERAL-ELECTRIC 1940

ACCESORIOS PARA AUTOMOVILES

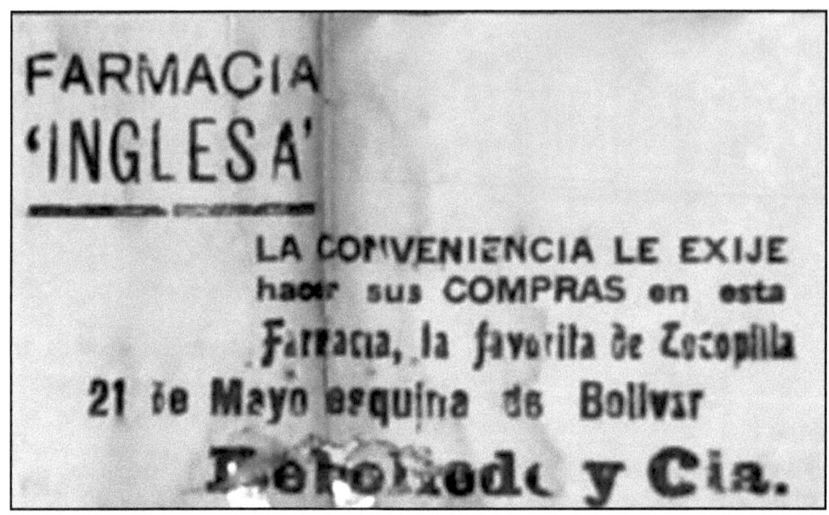

Originalmente la Farmacia perteneció al inglés Juan Franz (1889) la que estuvo ubicada en la esquina de calle Serrano con Prat, en donde hoy se ubica parte del edificio del Colegio Sagrada Familia. Lugo fue vendida a Juan Rebolledo.

Benedetto Schiappacasse fue Presidente de la Cámara de Comercio en la década del 40, además fue uno de los precursores en el desarrollo de la idea de crear un Espigón de Atraque en Tocopilla. Fue también uno de los que inició la idea de desarrollar un camino costero entre Iquique y Tocopilla, por ello realizó un viaje en caballo por la escabrosa geografía de la Cordillera de la Costa en 1930, acompañado del Alcalde Juan Fuenzalida.

GRAN ALMACEN

El Barril Colorado

de Cickovic y Cickovic

21 DE MAYO 1704-DIRECCION TELEGRAFICA "CICKOVIC"

TOCOPILLA

DESEAMOS A NUESTROS FAVORECEDORES UN FELIZ Y PROSPERO AÑO NUEVO

EMPORIO DE CAFE
Abarrotes en general
Por Mayor y Menor

FRUTOS DEL PAIS
Depósitos de Vinos y Licores
de las mejores marcas

Bongiorno Gamboa

Y CIA.

Bodega de Licores

Está en condiciones de ofrecer al público en general todos los artículos concernientes al ramo en todas sus clases, en especial

La Famosa Cerveza Osorno

La única premiada con Medalla de Oro y la que ha obtenido las mas altas distinciones en las Exposiciones Internacionales de Bolivia y Sevilla

VINOS

De la acreditada Viña San José Tocornal

Precios todos fuera de competencia

Almacén Beograd y Salón de Refrescos Sokol

de TRIPO KURTOVIC

21 de Mayo esq. Freire – Teléfono 100

TOCOPILLA

Almacén de Abarrotes — Mercaderías en General — Surtido completo de Conservas Nacionales y Extranjeras — Productos del País — Bodega de Vinos y Licores de las mejores marcas — Salón de Refrescos — Diariamente Cervezas — Refrescos y Sandwichs especiales — Excelentes reservados para familias.

Atendido personalmente por su propio dueño.

BOTICA

"CHILE"

— DE —

Francisco Choloux e Hijo

TOCOPILLA

Ordene el despacho de sus recetas a esta acreditada Botica. Mantenemos constantemente un extenso surtido de específicos nacionales e importados

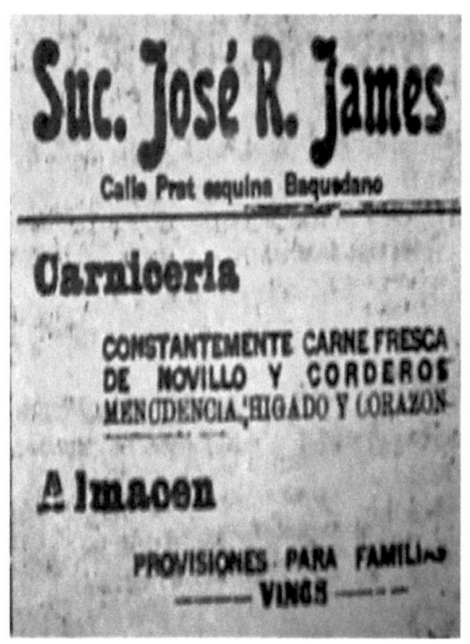

Cabaret Asia

Telephone 24 – 21 de Mayo street 1861

TOCOPILLA

All days dancing room
Excellent orchestra
Day and night restaurant
Beer, wines and liquors
Beautiful girls for dancing

Gran Lecheria Griega

Bolivar al lado del Teatro Casilla 117
Teléfono 42

Tiene establecidos puestos para vender leche diariamente al pié vaca, uno en La Colonia y otro en la esquina calle Serrano es. 21 de Mayo otro en Plaza Condell, otro en la calle Freire, es. 21 de Mayo.
garantiza la leche pura y la buena calidad de las vacas. la casa principal, a lado del Teatro.

persona que quiera pueda presenciar la ordeña de las vacas, convencerse que la leche es completamente pura.

BRONTIS Y MAVROPULOS
Afrecho, Pasto y Cebada y
HARINA CALIFORNIA

1.11. FUGA LOCAL: CONEXIÓN CON NORRKÖPING

Al momento del traspaso a la segunda mitad del siglo XX, los desequilibrios económicos conllevaron a una desestabilización de la economía local, en primer lugar por la mecanización de las faenas de embarque del salitre, en donde la tecnología reemplazó al hombre de modo feroz, dejando una estela de cesantía en 1961.[91] Debemos sumar el cambio del modelo económico que consolidó una estructura de subdesarrollo, de asimetría de crecimiento, estancando la economía de Taltal y Tocopilla[92] una vez instaurada la dictadura en 1973. A este último punto, agreguemos la gestión del Estado y las políticas de mercado liberales que han favorecido a los grandes intereses económicos en desmedro de los pequeños productores, los favoritismos a la gran empresa, por lo general foránea, facilitando el llamado vicio de la concentración territorial, consistente en la acumulación de inversiones en una sola localización, generándose grandes polos de desarrollo desequilibrantes. Todos estos fenómenos económicos, que estructuraron una crisis, han derivado que gran parte de la juventud de Tocopilla emigre en busca de trabajo y estudios superiores, generando un estancamiento, y de pronto, decrecimiento poblacional.[93] Se observa un fenómeno de fuga. Las escasas ofertas laborales contribuyen a este abandono, o bien, impulsa a los jefes de hogar a trabajar en la gran minería con un sistema de turnos que los ausenta por largos periodos de su hogar. Ciudad de *padres ausentes.*

---

91 Galaz-Mandakovic, 2009 y 2012.

92 Cademartori, 2010.

93 En la década de la crisis, 1930, se contabilizaban 18.296 habitantes (Censo 1930, Arch. Gob. Tocopilla) El Estado consignaba una cifra de 22.185 en 1960 (Censo 1960 Arch. Gob. Tocopilla), una población casi similar a la contemporánea, que según el censo 2002, apunta a 23.986 hab. (Archivo Gobernación de Tocopilla, acceso mayo 2012)

Muchos porteños se han ido, se reparten por Chile, ellos han creado los *Centros de Hijos* en las respectivas ciudades que los reciben. Pero también, se reparten por el Europa.

"Mas de tres mil familias latinoamericana viven e la ciudad de Norrköping en la provincia de Östergötland ubicada a una hora y 45 minutos de Estocolmo. Una tercera parte de sus habitantes latinos son chilenos, la gran mayoría con raíces en el puerto de Tocopilla. Una gran cantidad de ellos, nacidos en Suecia, son hijos de los primeros refugiados que vinieron del norte de Chile, especialmente de Tocopilla". Así encabezaba la noticia sobre chilenos en Suecia el diario sueco en español llamado Incumbencia (Noviembre, 2009).

Al mismo tiempo las crisis económicas en la década del ochenta incentivaron a que muchos tocopillanos vieran en Europa el escenario para mejorar su estándar de vida. Ya existía el caso de algunas tocopillanas casadas con algunos marinos mercantes en Norrköping, Suecia. Marinos que visitaron Tocopilla en pleno auge de la exportación del salitre. Jorge Melo señala que en Tocopilla *"había un matrimonio que fue el primero en llegar a esta ciudad* -Norrköping- *se trata de Rune Johanson, un marinero sueco que estuvo en Tocopilla en los años sesenta y se casó en ese lugar con Catalina Garay. Tuvieron dos hijos y se vinieron a Norrköping en 1970. En esa misma época, antes del golpe militar, llegaron Juan González y Manuel Gahona…".* [94]

Más adelante, en el marco de la dictadura militar se forzó a muchos tocopillanos al exilio.[95]

---

94 Diario Incumbencia, noviembre 2009. Diario en español para la comunidad latinoamericana en Suecia.

95 No olvidemos que Tocopilla marcó una fuerte trayectoria sindicalista y política de izquierda; trayectoria iniciada por la fundación de mancomunales de obreros y el paso de Luis Emilio Recabarren. Todo este proceso derivó a que en tiempos de la UP, el Partido Comunista y

La configuración de una red social en Suecia, facilitó las redes migratorias. Aquella la podemos definir como el conjunto de relaciones interpersonales que vincularon a los migrantes con parientes, amigos o compatriotas.[96] Una red migrante, que puede ser definida como la estructura de relaciones sociales que instituirán la circulación de trabajo, capital, bienes, servicios, información e ideologías entre las comunidades emisoras y receptoras de migrantes.[97]

Estas redes fueron significativas porque transmitieron información, proporcionaron ayuda, desde económica hasta acciones sencillas pero significativas como el alojamiento y prestaron apoyo a los tocopillanos de distintas formas. De variados modos facilitaron la migración al reducir sus costos y la incertidumbre que frecuentemente la acompañaba.[98]

Esta red establecida en Suecia, indujo a la emigración desde Tocopilla a través del efecto demostración. En pocas palabras, vendría siendo un *capital social*, que en la lógica de Bourdieu sería el agregado de los recursos reales o potenciales que están unidos a la posesión de una red duradera de relaciones más o menos institucionalizadas de reconocimiento y vinculación mutua. Ésta definición supone elementos como el pertenecer a un grupo, y que el mismo posea propiedades comunes. Además de una vinculación permanente y estable.[99] Por ello, en la medida en que se trataba de

---

Socialista contara con la mayoría de los cupos o plazas de diputados y senadores; tuvo cuatro regidores, poseyó el cupo de gobernador y alcalde del mismo conglomerado. El número de ejecutados en la localidad superó los 30.

96 Arango, 2003.

97 Zavala y Rojas, 2005.

98 Correa; Jocelyn-Holt, et al, 2001.

99 Bourdieu, 1991.

relaciones sociales que permitían el acceso a otros bienes de importancia económica, tales como el empleo o mejores sueldos.

Las redes establecidas entre Tocopilla y Norrköping constituyen un nivel relacional intermedio entre el plano micro de la adopción de decisiones individuales y el plano macro de los determinantes estructurales.

Norrköping es una ciudad sueca en donde residen numerosos chilenos, gran parte de ellos son tocopillanos. Se ha estimado que serían un poco más de 3.000 tocopillanos. Significativa cifra en proporción con la población actual de Tocopilla: 23.986 habitantes. Por tales motivos, ellos se han configurado como la colonia latina más numerosa en aquella ciudad nórdica *"así llegó a Suecia un nuevo prototipo de chilenos",* marcados profundamente por el exilio y la crisis económica de los ochenta. *"El caso más singular ocurrió con la ciudad de Tocopilla, ya que varios miles de sus habitantes se desplazaron a la ciudad de Norrköping, al sur de Estocolmo".*[100]

Melo señala que, *"También llegaron muchos grupos apartados de la sociedad, que podríamos llamar lumpen y que Pinochet quería que se fueran a Europa para desprestigiar la imagen de los asilados políticos. El gobierno fascista les pagaba el pasaje a los delincuentes, especialmente de Santiago y Valparaíso, para que vinieran a cometer fechorías en Suecia, lo que todavía nos provoca mucha rabia y vergüenza".*[101]

Jorge Melo rotula que en la década del ochenta, la inmigración hacia Suecia se incrementa considerablemente, *"a veces llegaban hasta diez tocopillanos cada día, en su gran mayoría padres solos, que empezaron a trabajar para traer luego a sus familias".* [102]

---

100 Camacho-Padilla, 2008: pág. 8.

101 Diario Incumbencia, 2006.

102 Diario Incumbencia, 2006.

Roberto Salinas señala que, la gran cantidad de chilenos que llegaron a Norrköping, fue producto de la dura situación que se vivía en ese entonces con la Junta Militar. *"Todos venían con el sueño de un futuro mejor y aprovecharon las ventajas de este país, que en ese entonces estaba en pleno desarrollo económico. Los bajos costos de los arriendos que ofrecía el barrio Hageby y una cierta segregación, congregaron a las familias nortinas en ese sector, que se hizo conocido por su idioma español y sus costumbres latinas".*[103]

Las actividades de los tocopillanos en Suecia fueron numerosas para poder socorrer a sus lejanos coterráneos cuando ocurrió el terremoto del 14 de noviembre del 2007.

Estos *paisanos* han intentado reproducir la cotidianidad tocopillana en el país de destino. Hablan incluso de *"Tocoköping"*, parafraseando los nombres de las ciudades de origen y recepción. Han creado redes sociales significativas entre ellos, todo en base a la nostalgia vivida por su tierra natal.

En ese sentido, las relaciones situacionales establecieron conductas manifestadas en sus sentimientos, pensamientos y acciones, que se verifican entre los actores de la red. Es lo que Pierre Bourdieu denominó como *habitus,* constituyentes de *"principios generadores y organizadores de prácticas"*. [104] Han instalado

103 Diario Incumbencia, 2006.

104 Bourdieu, 1991: pág. 928.

radioemisoras que permiten la conectividad con Tocopilla, recrean las fiestas locales, tales como el aniversario del puerto salitrero, el 29 de septiembre, además de celebrar el 18 de septiembre de cada año. Son tocopillanos que están constantemente pendientes de lo que ocurre en Tocopilla: leen los diarios por internet, comentan y critican la situación del puerto, ya sea vía Facebook o en cualquier otra plataforma web. A su vez, la comunicación fluida, ha permitido la cooperación y filantropía con los tocopillanos que requieren implementos e insumos de salud. Igualmente, es permanente la ayuda económica hacia instituciones altruistas.

Un buen ejemplo de cooperación de estos tocopillanos residentes en Suecia son los aportes hacia la institución ADAEC (Agrupación de ayuda al enfermo de cáncer) institución que, en gran parte, financia sus actividades en base a las permanentes remesas enviadas desde Suecia. Hasta el año 2012, la institución había atendido a más de 400 fallecidos por cáncer, en un ciudad saturada ambientalmente. Gracias a la cooperación, ADAEC proporciona medicamentos, atenciones médicas, insumos y asistencia de todo tipo a los enfermos. Un voluntariado que trabaja todo el año y que merece un gran reconocimiento.[105]

Igualmente son beneficiados jardines, campañas políticas, escuelas, Juntas de Vecinos, iglesias, clubes juveniles, centro de adultos mayores, etc. Instituciones que en el transcurso de los años reciben todo tipo de implementos, insumos, dineros y materiales desde el lejano Norrköping. Donaciones que son contantemente indicadas en los medios de comunicación local.

Las emigraciones vividas en Tocopilla, han permitido el surgimiento de una *topofilia*, de un *amor al lugar*, que permite

105 http://www.adaecnorrtoco.se/ página web de la agrupación ADAEC, sitio en que se indican sus actividades.

establecer una relación de translocalidad en estos tocopillanos que han partido hacia el exterior. En ese tenor notamos la existencia de intercambios, conexiones y prácticas transfronterizas que trascienden, por tanto, el espacio nacional como punto de referencia básico para actividades e identidades. Hallamos aspectos que poseen gran relevancia, como el mantener y establecer conexiones socioculturales que trasciendan a las fronteras geopolíticas para conservar conexiones sostenidas a pesar de la distancia, las prácticas y relaciones que continúan vinculando a los migrantes con su comunidad de origen. Inclusive las estrategias empleadas por los migrantes y sus familias para mantenerse en contacto, visitarse y/o reforzar los vínculos con la comunidad originaria.

Todo lo anterior se activa en determinados momentos permitiendo el desarrollo de iniciativas tanto económicas, como sociales y culturales que generan un fuerte impacto en las sociedades de salida.

La experiencia migratoria, desde Chile a Suecia, relata vivencias y la necesidad de mantener vínculos con sus coterráneos para atenuar el *choque* sociocultural. En ese sentido, se relata la continuidad en su migración y la necesidad de pertenecer o seguir perteneciendo a su país reproduciendo o reencontrándose con sus connacionales y con sus prácticas y rituales simbólicos. No obstante, debemos consignar que, estas relaciones e identidades transnacionales principalmente persiguen no perder el vínculo, sino generar el sentido de continuidad.

Jorge Melo, profesor, señala que él fue el primer refugiado político en Norrköping, en esa circunstancia fundó el Comité Salvador Allende (SAK) junto a otros nortinos: José Ochoa, Iván Rozas, los hermanos Marcos y Eduardo Álvarez, además de Leonel Salinas, entre tantos otros exiliados.

Asimismo, cada uno de los tocopillanos suecos ellos ha regresado a Tocopilla en alguna fecha relevante, ya sea para desfilar en el aniversario de la ciudad, o visitar familiares, o bien, viajar en enero y febrero para superar el riguroso invierno sueco. En esta conexión, en el ir y venir, que experimentó Tocopilla con Norrköping, se ha configurado una descendencia de suecos con padres tocopillanos, siendo la *tocopillaneidad* un rasgo fuerte, consolidado y melancólico, practicado a través de la cotidianidad y, quizá, la configuración de un discurso expresivo del *mito del retorno.* En ese sentido, la eventualidad del retorno, con independencia de su ejecución, viene a generar una particular memoria y expectativas respecto de los contextos de origen, que como sabemos no siempre guardan relación con las transformaciones que éstos sufren.[106] Se demuestra del mismo modo, prácticas que expresan transnacionalidad, como una forma de extender la patria original, dislocando así los paradigmas positivistas estructuralistas y funcionalistas que sólo se orientaban hacia la asimilación y aculturación de los migrantes.[107] En el decir de un quinteto de historiadores nacionales[108], apuntan a que,

"...si se trata de conocer el alcance que podría cobrar el exilio en cadena, ningún ejemplo es más ilustrativo que el de Tocopilla. (...) *con la llegada de nuevos tocopillanos se continuó y acrecentó la magnitud migratoria, al punto que después de 3 a 4 años, gran parte del pueblo residía en Norrköping, desde panaderos y empleados municipales hasta prostitutas. Lo notable es que ahí se reprodujo, con alteraciones muy menores. El orden cotidiano de la vida tocopillana previa al golpe, toda vez que propendieron a reconstituir*

---

106 Garcés, 2003.

107 Moctezuma, 2008.

108 Correa; Jocelyn-Holt, et al, 2001: pág. 318.

jerárquicamente políticas y las divisiones de los trabajos originales. (...) *Como era de suponer, la presencia de esta comunidad de chilenos, paisanos en sentido estricto, ha dejado su impronta en la vida de Norrköping, pueblo que hoy ostenta calles alusivas a Chile".* [109]

Pasaremos revisar el caso de I.A.[110] tocopillano que reside en Suecia desde el año 1986, relato de la experiencia migrante marcada por la presencia de sus padres en el nórdico país.

Llegó a Suecia en 1981 para visitar a sus progenitores quienes habían partido por razones políticas: *"estuvimos allí sólo 1 año. Pero fue en 1986 el año en que de manera definitiva decidimos vivir en este nuevo país en la que ya radicaban mis padres, hermanos, cuñadas, y muchos sobrinos. ¿Y el motivo? la inseguridad laboral, política, social, el arraigo y cariño a la familia hacen que tomemos la determinación de partir, tal como hicieron miles de familias chilenas luego del golpe de Estado en Chile en 1973".*

La profesión de I.A., ligada al mundo minero, hallaba escaso campo laboral en el norte de Chile, la cesantía era un fenómeno fuerte. De hallar trabajo, las condiciones de estabilidad y seguridad eran precarias. *"El hecho circunstancial es el accidente de un amigo y compañero de trabajo quien pierde la vida realizando similar trabajo al mío en una mina en Tocopilla. Esta mina (Buena Esperanza) fue cerrada, años después. ¿Qué pasaba en Chile en Tocopilla?. Años 80, tiempos de crisis económica, incertidumbre política, altos costos sociales. A los chilenos que nos tocó vivir en tiempos de dictadura en Chile, sabemos bien que no fue nada de fácil vivir con bandos, toque de queda, medidas impuestas, y muchas medidas autoritarias y muy poco de libertad".*

---

109 Correa; Jocelyn-Holt, et al, 2001: pág. 319.

110 Entrevista vía electrónica realizada en junio de 2013.

En ese escenario duro y hostil la familia de I.A. se dirige a la ciudad de Norrköping. En primera instancia emprende el viaje su esposa y los tres hijos, posteriormente lo hace el padre. *"Era caro viajar, tuve que trabajar para solventar los altos costos de los pasajes."*

Al llegar a Suecia se da cuenta que ya había miles de chilenos, repartidos especialmente en grandes ciudades como Estocolmo, Gotemburgo y Norrköping. El tocopillano I.A. relata que en ese entonces los chilenos sentían gran interés y entusiasmo de estar agrupados socialmente y en particulares intereses ya sean estos políticos, deportivos, culturales, religiosos; ya que además existía mucha ayuda de parte del Estado sueco para que se sostuvieran todo tipo de asociaciones. Detalla que en la actualidad no lo es tanto, aunque aún se mantienen algunas asociaciones. *"Me integré de lleno a varias de estas instituciones, era un buen motivo para estar siempre conectado con Chile y con chilenos residentes en Suecia"*. Sobre otras motivaciones que llevó a los tocopillanos agruparse tiene que ver también con la soledad inicial experimentada en Suecia: *"la mayoría de la gente que viven por muchos años fuera de su país, especialmente quienes viven solos sin sus familias, sienten que el nexo con su país de origen es algo fundamental y necesario, y el chileno no está ajeno a ese sentimiento"*.

Sobre las dificultades experimentadas en el lejano país, se menciona siempre el tema idiomático. El sueco es un idioma complejo, derivado de una lengua germánica muy similar al danés y al noruego, pero con diferencias en pronunciación y ortografía. Los que tuvieron mayor dificultad con el idioma son los tocopillanos que llegaron con edad avanzada. Situación a la inversa demostrada en los niños y jóvenes. Se ha evidenciado casos de tocopillanos que han sufrido depresiones por no poder comunicarse, situación que los ha llevado a estar por mucho tiempo encerrados en sus casas, sin poder ver televisión local, no escuchar radio, no poder comprar con confianza, no saber lo que ocurre en la ciudad vista la dificultad de leer un periódico. Esta dura situación se ha revertido una vez que se masificó el internet y por la agencia de los chilenos que comenzaron a instalar radios.

La forma de inserción laboral es crucial y recordada por estos tocopillanos: *"Al llegar a Suecia lo primero que se debía hacer, como cosa obvia era aprender su idioma, existe ayuda estatal para hacerlo, y trabajar en lo que fuese, ya sea haciendo aseo, repartiendo diarios, etc., posteriormente existe la posibilidad de estudiar alguna especialidad, ya que este es el país de las ayudas y de los cursos, muchos chilenos supieron aprovechar esta cobertura, otros no. Particularmente no fui la excepción y pude trabajar como ayudante de cocinero pese a tener un título universitario de mi país. Con los años trabajé como ingeniero en la comuna de Norrköping y luego en Nykoping. Más tarde trabajé en Skanska, empresa de ingeniería, en todas ellas trabajo como ingeniero".*

Según datos proporcionados por el diario Incumbencia, más de 500 familias de chilenos que llegaron de Tocopilla, viven en el popular sector de Hageby. Por ello no es casualidad que allí tengan sus canchas el club deportivo "Chile Unido" y que numerosas organizaciones desarrollen sus actividades en ese barrio. Numerosos jóvenes que han crecido en ese lugar se identifican y mantienen sus lazos con el terruño de sus padres.

El tema de los tocopillanos en Norrköping está trazado a modo exploratorio para el incentivo de un estudio más acabado y detallado sobre la presencia de tocopillanos en Suecia, no obstante, la identificación no debiese ser tan generalizada como lo fue el censo realizado en el año 2005 por el Instituto Nacional de Estadística (INE) junto con la Dirección de Chilenos en el Exterior (DICOEX), que sólo identificó "chilenos" sin considerar sus ciudades de origen natal o de procedencia. Omitiendo, quizá involuntariamente, la indagación sobre estos fenómenos específicos.[111]

Podemos afirmar que existe una *conexión de sentido* entre la inmigración internacional que alcanzó Tocopilla en la primera mitad del siglo XX y la existencia en la actualidad de flujos migrantes que parten de Tocopilla hacia otros puntos del globo, en la restante mitad del mismo siglo. Ésta migración ayudó a constituir un imaginario migrante entre los que viven en Tocopilla, lo que les dispuso de un capital social específico en relación a la migración, y que luego ayuda a dar forma y contenido a las migraciones que los tocopillanos realizan en la segunda mitad del siglo XX. En ese sentido, hemos dado cuenta de experiencias sociales de un pasado no tan distante, de un pasado vivido, en un referente empírico experimentado por la comunidad, que luego son recuperadas en un mundo global. Se podrá rebatir a través de la afirmación que, las fuerzas de la globalización o políticas pueden haber facilitado esta "internacionalización" de Tocopilla hacia el norte de Europa. No obstante, también es innegable que las personas no hubieran migrado si no fuera por la diversidad vivida en la cotidianidad local, en la cotidianidad de la primera mitad del siglo XX, a la postre derivador de una historia local significativa, de ser una ciudad de inmigrantes y de desplazados. Es decir, lo vivido y lo atestiguado en cuanto a Tocopilla como polo de atracción de migrantes europeos, sirvió y orientó en base a un fenómeno de demostración que la ida y en algunos la huida o el exilio, estaba basada en un imaginario de seguridad dado por inmigrantes que en la primera mitad del siglo XX fueron exitosos.

---

[111] Ver artículo de R. Pérez "La XIV región de Chile: Suecia" en "Retrato Hablado de las Ciudades Chilenas". Bernardo Guerrero, Universidad Arturo Prat, Iquique 2002.

Desde este enfoque, nos aproximamos a una perspectiva histórica y antropológica con la explicación de los procesos del presente; de un imaginario que explica lo local por lo global y lo global por lo local.

1.12. MIGRANTES Y UNA CANCIÓN

En esas *tocopillanías* vividas en la lejanía, es cuando la canción *Tocopilla Triste* del grupo musical Los Golpes[112], se canta con mayor ahínco en las fiestas del 29 de septiembre o en cualquier actividad festiva que conglomere a los coterráneos dispersos en el país o en el mundo.

No obstante, ante las agresiones naturales, como el terremoto del 14 de noviembre del 2007, *Tocopilla Triste* emergió como verdadero himno ante el dolor por la perdida de familiares y la destrucción casi total de la ciudad. El titulo expresaba y condensaba todo.

Es una canción que se inscribe desde la melancolía del emigrante. Aquél que ve a su puerto afligido, en crisis.

"Desierta bahía,
de mi triste puerto,
hoy cuando te miro,
quisiera llorar.
Dónde está tu gente,
alegre de antaño,
dónde está tu risa,
dónde tu cantar"

Párrafo que implícita la vida bohemia y las nocturnidades alegres de puerto. Fiestas y mujeres, el paraíso para el mercante, y el comerciante establecido alegrado por la población flotante. Se

112 Fernando Bustamante Vera, el compositor de la canción *Tocopilla Triste* nos cuenta en entrevista (4 de junio de 2013) que la canción, "*la comencé a escribir aquí en Santiago y la terminé de escribir en un viaje a Buenos Aires en el año 1979 (…) la primera vez que se grabó fue en el año 1980, sin pito y sin campanas, después viajé especialmente a Tocopilla a grabar el pito y las campanas de la máquina en 1990.*"

cruza, luego, la crisis económica estructural por el embarque mecánico del salitre. La partida de muchos que entristeció al puerto. Una tristeza asumida desde la década del sesenta, década en que comenzó la vida de una ciudad económicamente deprimida.

Merecidamente la canción, en su introducción, incorpora el pito del tren salitrero además de sus campanazos, la banda sonora de todo tocopillano y tocopillana desde el año 1927 (año en que llegaron las máquinas eléctricas). Sonido que, de una u otra manera, ha sido persistente en el tiempo a pesar de las crisis que ha generado el mismo mineral que transporta. La tristeza, y el abandono de la ciudad es remitida a la dejación, desdén e invisibilidad de Tocopilla por parte del Estado y de los distintos gobiernos que no han atendido las demandas y problemas del bolsón de pobreza que representa Tocopilla en el concierto regional minero considerado rico.

"Ayer cuando niño jugaba en tus playas,
tus cerros tranquilos mil veces monté
Cabalgué en tus cielos y sobre tus aguas
que el sol me alfombraba al atardecer."

Estar lejos de la *tierra madre,* y hallarse en las fugacidades que da el cemento, los edificios y las multitudes en las grandes ciudades, el tocopillano evoca sus paisajes de orígenes. Esas convivencia entre cerros y mar. Entre la altura de los farellones costeros que permiten estar entre nubes para contemplar la ciudad desde lejos. Fiel reflejo de la costumbre infantil de explorar el cordón cordillerano que rodea Tocopilla. A su vez los arreboles tan característicos del puerto en los atardeceres, son los motivos que inspiran una serie de fotografías y postales.

El cemento de los países desarrollados, de las megalópolis, separó al tocopillano y tocopillana de la naturaleza, lo distanció del palpar geográfico, de la tierra literal y sus colores, de la coloración del óxido costero, del aroma marítimo, de la humedad salina, de la sonoridad del viento, en fin; de las particularidades del medio natural tocopillano.

"Cual ave emigrante partí una mañana
a tierras extrañas muy lejos llegue
Desde aquí te grito aún eres mi amada,
Tocopilla triste, no te olvidaré"

Esa misma tristeza de la ciudad, esa amargura económica, impulsó la emigración. Arribo a tierras extrañas que despertaron el amor al lugar de origen. Evocando la vida cotidiana, la *tocopillaneidad*, la vida *barrial.* En esos duros exilios por las dictaduras políticas y exilios que indujo el mercado cruel.

Surge la evocación de la proximidad entre los coterráneos, en la confluencia de cada uno de ellos en la única calle principal: 21 de Mayo. En donde se conversa en cada esquina, así, cada tocopillano se siente parte de una red, de una red que lo integra y le da pertenencia y arraigo. Enraizamiento que, curiosamente, en muchos casos aflora una vez que han partido.

"Recuerdo a mis padres en esas montañas
mi amigo en piedra que el tiempo talló,
y tu me perdiste
como a mi amada Tocopilla triste,
lloramos de amor"

Tocopilla es una ciudad en proceso de envejecimiento demográfico. Además de los exiliados políticos y por efectos del mercado, usualmente los que se han marchado son los jóvenes, por búsqueda de trabajo y también por ampliar sus horizontes académicos. Son los viejos los que se han quedado.

Tocopilla, caracterizada por sus piedras (Piedra del Camello, Piedra de la Paragua, Piedra del Elefante, La Piedra de San Martin, Piedra del Casamiento), la sociedad local pequeña y entre todos identificada, genera lazos de amistad imperecederos. He allí la paráfrasis del *"amigo que en piedra que el viento talló"*. En los antiguos barrios, se practicaba todo tipo de deportes, se creaban clubes, las madres de constituían en distintos tipos de organizaciones: Juntas de Vecinos, clubes de adultos mayores, círculos artísticos, etc. Surgieron desde allí los matrimonios y las descendencias. Ahora, conjuntamente de los vínculos sociales se cruzaban los vínculos sanguíneos. Por ello es común que en septiembre se reúnan antiguas generaciones del liceo, del politécnico, de ciertos barrios, por ejemplo los vecinos de la Villa Prat, de la Villa Covadonga, antiguos grupos juveniles como el grupo "Swat" los de la discoteque *La Cabaña*, entre otros. El agrupamiento y el recuerdo de pertenencia territorial los convoca. La ciudad poseía un liceo, una escuela de hombres y una de niñas: todos pasaron por esas aulas. El carácter de lo único (un liceo, una escuela, una discoteque, una radio…) provocó el aglutinamiento relacional entre los tocopillanos.

Finalmente la canción se resume en una exclamación bordeando el juramento:

"desde allí te grito
aún eres mi amada Tocopilla triste no te olvidare.
Desde allí te grito
aún eres mi amada Tocopilla triste a ti volveré"

Se aglutina la emoción, la melancolía, la persistencia de un amor a pesar de las precariedades de la ciudad y el eterno afán de retorno. O el *mito del retorno*, como construcción retórica de un deseo persistente en el tiempo, que de pronto se cruza con la realidad de volver a una ciudad que dejaron, pero que a la vez ha cambiado.

Se demuestra que los migrantes son capaces de reproducir en otros contextos sus formas culturales de ser y de pensar, además de incidir en las relaciones sociales de su país de origen. Es decir, el migrante no migra y trasplanta su cultura, lo que hace es reproducirla, la reestructura y con ello la reformula. El tocopillano ido, en diáspora, vuelve de pronto más *tocopillano*, más querendón con su tierra en comparación al que reside en la misma ciudad.

REFERENCIAS

ARCHIVOS

Archivo Gobernación de Tocopilla.

Archivo Nacional de Chile.

Archivo Epistolar de la Iglesia Nuestra Señora del Carmen de Tocopilla.

Archivo Cámara de Diputados. Disponible en http//historiapolitica.cl. Acceso Mayo 2012

Instituto Nacional de Estadísticas, Datos Censo (2002) Gobernación Provincial de Tocopilla.

Archivo "La Estrella de Tocopilla", Diario "La Prensa De Tocopilla", Ediciones de Octubre 1982. Ediciones del diario "El Proletario" 1931-32-33.

BIBLIOGRAFÍA

AGAMBEN, Giorgio — 2000. Lo que queda de Auschwitz. El archivo y el testigo. Homo Sacer III Ed. Pre-Textos, Disponible en https://sites.google.com/site/textosdereferencia/giorgioagamben%3Aloquequedadeauschwitz.ela. Acceso 5 de diciembre 2012.

ÁGUILA, Guido. — 2004. "Historia del Perú". 1° Edic. Ediciones San Marcos. Lima, Perú.

ARANGO, Joaquín. — 2003. "La Explicación teórica de las migraciones: Luz y sombra" Migración y Desarrollo [en línea], [fecha de consulta: 30 de mayo de 2012] Disponible en: <http://redalyc.uaemex.mx/redalyc/src/inicio/ArtPdfRed.jsp?iCve=66000102>

ARCE, Isaac. — 1930. "Narraciones Históricas de Antofagasta". Imprenta Moderna, Antofagasta, Chile.

BÉRENGER, Jean. 1990. "Histoire de l'empire des Habsbourg 1273–1918" .Edit. Fayard, Paris.

BERMÚDEZ, Oscar. 1963. "Historia del Salitre, desde Sus Orígenes hasta la Guerra del Pacífico". Ediciones de la Universidad de Chile. Antofagasta.

BOURDIEU, Pierre. 1980. "Le capital social", Actes de la Recherche en Sciences Sociales, núm. 31

BOURDIEU, Pierre. 1991."El sentido práctico". Ed. Taurus; Madrid, España.

CADEMARTORI, Jan. 2010. "El desarrollo económico y social de la Región de Antofagasta". 1° Edición. Ordhum, Departamento de Economía, Facultad de Economía y Administración UCN, Antofagasta, Chile.

CAMACHO, Fernando. 2008. "Chilenos en Suecia: Crónica de un exilio". Estocolmo [URL en línea]. Disponible en Internet en: <http://www.chilenare.wordpress.com> con acceso 24 de mayo 2012.

CAMPOS, Claudia y ELÍAS, Pamela. 2009."Presencia China: políticas de inmigración para las primeras décadas del siglo XX". Ponencia presentada en II Congreso Latinoamericano "Luis Álvarez Miranda". Arica, noviembre 2009, Chile.

COLLAO, Juan. 2001. "Historia de Tocopilla". 1° Edic. Corporación Homónima. Tocopilla, Chile.

COLLIER, Simón. 1996. *"History of Chile:1808-1994".* Edic. Cambridge University Press. Londres.

CONTRERAS, Víctor **1981. "Campesino y Proletario" Editorial de la Agencia de Prensa Nóvosti, Moscú. 1° Edición.**

CORBO, V. y HERNÁNDEZ, L. 2005. *"80 años de Historia del Banco Central de Chile"*. Disponible en http://www.bcentral.cl/eng/studies/working-papers/pdf/dtbc345.pdf. Acceso 5 de diciembre 2012.

CORREA, Sofía; FIGUEROA, Consuelo; JOCELYN-HOLT, Alfredo; ROLLE, Claudio; VICUÑA, Manuel. 2001. "Historia del Siglo XX Chileno". 1° Edic. Editorial Sudamericana. Santiago de Chile.

DE MATTOS, Carlos. 1984. "El proceso de Concentración territorial; ¿un obstáculo para el desarrollo?". En: *Revista Interamericana de Planificación*, vol. XVIII., n° 70, pp. 62-82.

DENITCH, Bogdan. 1995.*"Nacionalismo y etnicidad: la trágica muerte de Yugoslavia"*, Edit. Siglo XXI. Ciudad de México.

DÍAZ, Alfonso. 2002. "Apuntes sobre los italianos en la provincia de Tarapacá(1870-1950)", *Amérique Latine Histoire et Mémoire. Les Cahiers ALHIM*, 2002, [En línea], Puesto en línea el 23 junio 2006. URL : http://alhim.revues.org/index715.html. consultado el 30 mayo 2012.

FOUCAULT, Michel 1976. *"Derecho de muerte y poder sobre la vida"*. La Voluntad de Saber. I volumen de Historia de la Sexualidad. Ediciones Paidós Ibérica, S.A. I.CE. de la Universidad Autónoma de Barcelona - Buenos Aires – México

FOUCAULT, Michel. 1990.*"Tecnologías del Yo"*. Ediciones Paidós Ibérica, S.A. I.CE. de la Universidad Autónoma de Barcelona - Buenos Aires – México.

FOUCAULT, 1999."Estrategias de Poder". Obras Esenciales,

Michel.	volumen II. Ediciones Paidós Ibérica S. A. Barcelona, España.
GALAZ-MANDAKOVIC, Damir	2008. "Tocopilla entre la miseria y el Apogeo, 1930-32." 1° Edic. Retruecanosinversos. Tocopilla, Chile.
GALAZ-MANDAKOVIC, Damir	2009. "Tocopillanos del Ayer II" 1° Edic. Retruecanosinversos. Tocopilla, Chile.
GALAZ-MANDAKOVIC, Damir	2011. "Edificios Colectivos de la Caja del Seguro Obrero Obligatorio de Tocopilla" Movimiento Moderno, solución social. 1° Edic. Retruecanosinversos. Tocopilla, Chile.
GALAZ-MANDAKOVIC, Damir	2011. "Reivindicación del Patrimonio Tangible de Tocopilla". 1° Edic. Retruecanosinversos. Tocopilla, Chile.
GARCÉS, Alejandro.	2003. "El retorno como mito en la experiencia del inmigrante" disponible en http://www.sepiensa.cl/listas_articulos/articulos_sepiensa/2003/04_abril_2003/20030417_fram.html
GONZÁLEZ, José Antonio	2001."Del conventillo a la población obrera. La consolidación del Antofagasta popular, 1930-1947". En *Revista de Ciencias Sociales* 4-40. Universidad Arturo Prat, Iquique.
GONZÁLEZ, Sergio	1993. "Las ligas patrióticas" en Revista de Ciencias Sociales, N° 2, Universidad Arturo Prat. Iquique.
MALDONADO, Carlos; MCGEE DEUTSCH, Sandra ILLANES, María	2007."Cuerpo y sangre de la política. La construcción histórica de las visitadoras sociales (1887-1940)" Santiago, LOM Ediciones, 2007

JODOROWSKY, Alejandro 2001."La Danza de la Realidad" Editorial Siruela. Madrid, España.

LUČIĆ, Ivica 2008."Komunistički progoni Katoličke crkve u Bosni i Hercegovini 1945-1990". National Security and the Future. Disponible en http://www.nsf-journal.hr/issues/v9_n3/pdf/008%20-%20Ivo%20Lucic.pdf

MARTÍNEZ, Gerardo. 1983. "Causas de la Gran Depresión de los años treinta: aportes recientes." Ediciones Revista Universitaria. Santiago, Chile.

MARTINEZ, Gerardo 1943. "Orígenes y desarrollo de Chuquicamata bajo la Chile Exploration Company" Ediciones Revista Universitaria. Santiago, Chile.

MITCHELL, Don. 2003."The right to the city. Social justice and the fight for public space." Edit. Guilford Press. New York.

MOCTEZUMA, Miguel 2008."Transnacionalidad y Transnacionalismo". Revista Papeles de Población. Universidad Autónoma del Estado de México, 54: 39-64.

PELLEGRINI, Amadeo 1927. "Colonia Italiana en Chile", en Censo Industrial y Comercial, 1926-1927. Disponible en http://www.memoriachilena.cl/temas/documento_detalle.asp?id=MC0037091

SUCESOS Revista. "*Norte Trágico*". Ediciones 1931 y 1933. Santiago de Chile.

VÍTALE, Luis. 1997. "Interpretación Marxista de la Historia de Chile". Tomo V, editorial LOM.

YUN, Lisa 2008. "El Coolie habla" obreros contratados chinos y esclavos africanos en Cuba. Traducido por Sebastián Reyes Gil. Temple University Press. Disponible en http://www.hemisphericinstitute.org/eng/publicatio

ns/emisferica/5.2/52_images/pdf/yun_print.pdf

ZAVALA, Ximena; ROJAS, Claudia . 2005. "Globalización, procesos migratorios y estado en Chile". En: *Migración, globalización y género en Argentina y Chile.* Programa Mujeres y Movimientos Sociales en el marco de los procesos de integración regional en América Latina, Fundación Heinrich Böll; Buenos Aires, Argentina.

ZIG-ZAG Revista 1932. N° 1420. *Los desheredados del Cerro Blanco.* Pág. 13-14. Santiago de Chile.

ZLATAR, Vjera 2001. "Los Croatas, el salitre y Tarapacá" Edit. Hrvatski Dom. 2º Edición. Imprenta Oñate, Iquique.

ENTREVISTAS

ASTE, Dino. 2011.Tocopillano, nacido en 1930, empresario jubilado y dirigente social, hijo de italianos. Entrevista realizada en Tocopilla en diciembre del 2011.

BARRERA, Amelia. 2007. Ovallina, nacida en 1911, fallecida en 2010. Dueña de casa y residente en Tocopilla desde 1929 hasta 2010.

BUGUEÑO, Pedro. 2009. Tocopillano, nacido en 1924, fallecido en el año 2010. Dirigente social, político y sindical. Exiliado en Francia por la dictadura militar.

CHOC, Jorge 2011.Viñamarino, nacido en 1970. Descendiente de serbios. Entrevista realizada *vía on* line en octubre del 2011.

FERNÁNDEZ, Sergio. 2010. Tocopillano, nacido en 1930. Jubilado, toda su vida estuvo vinculado a empresa exportadora de salitre. Entrevista realizada en Tocopilla en diciembre del 2010.

GARAFULIC, 2012. Nacida en Antofagasta en 1930, residente en

Fanny	Tocopilla desde 1951. Descendiente de croatas, profesora con cargos directivos jubilada. Entrevista realizada en Tocopilla en abril de 2012.
GHO, Wolfang	2009. Nacido en Santiago, descendiente de italianos. Trabajador en el área minera. Entrevista realizada en Tocopilla en agosto del 2009.
I.A.	2013. (Anónimo) Tocopillano nacido en 1953. Residente en Norrköping desde la década del ochenta. Entrevista vía electrónica. 29 de junio del 2013.
J.A.	2012. (Anónimo) Tocopillana, de 78 años,. Jubilada, laboró durante toda su vida en empresa vinculada a la exportación de salitre. Entrevista realizada en Tocopilla, en marzo de 2012.
MARTÍNEZ, Gonzalo	2009.Tocopillano nacido en 1940, fallecido en septiembre 2011. Investigador autodidacta de la historia local, recopilador fotográfico y documental. Entrevista realizada en Tocopilla en diciembre 2009.
NIKIFOROS, Uranía	2013. Tocopillana nacida en 1930. Dirigente social por mas de 45 años. Hija de Stamatios Nikiforos. Entrevista realizada el 24 de junio del 2013.
ŠORE, Yanko	2012. Tocopillano nacido en 1964, empresario hotelero y gastronómico, nieto de Pedro Šore Berticević. Entrevista realizada en agosto 2012.
VUCINA, Desanka	2009. Tocopillana, descendiente de croatas, empresaria jubilada. Entrevista realizada en Tocopilla en marzo del 2009.

Printed by Books on Demand GmbH, Norderstedt / Germany